直感をみがいて幸せになる

上地一美
Uechi Kazumi

Gakken

多幸の樹

　宮古島には、古来、御嶽に、ご神木として〝ガジュマル〟の樹があります。

　独特の幹の形や長く垂れ下がってくるヒゲのような気根は地面に辿り着くと支持根となり、不思議な枝ぶりでバランスを取り、支え合い、たがいにからみ合って巨大な幹のようです。ガジュマルは、宇宙の恵みである光と水のエネルギーをたっぷりと吸収して大樹となり、私たちに癒しを与えてくれます。

　母なる大地に力強く張っている根を見ているとなぜか元気が出てきます。枯れた枝葉を取り除いた大樹の空洞の中は、まるでスピリチュアルパワースポット。

　ガジュマルの花言葉は「健康」、ガジュマルの樹には、キジムナーというちょっとイタズラな妖精が住んでいて、多くの幸せをもたらすと言われています。

　ガジュマルの樹は、健康になって幸せになる「多幸の樹」なのです。

　ガジュマルの大樹の前で写真を撮ると一生、神様（見えない力）が守ってくれると言う伝説があります。

　ガジュマルの大樹から、ゆったりとした気が届き、あなたのエネルギーが高まりますように。

はじめに

みなさん、こんにちは。

宮古島で霊視による個人鑑定を行っている、上地一美です。

宮古島で生まれ育った私は、今も家族とともに大好きな宮古島で暮らしています。

紺碧《こんぺき》の海と白浜の海岸、雲間から海に射し込むように降りそそぐ光（天使の階段）は、刻一刻と変化しながら自然界のアートの美しさを見せてくれますし、夜空に浮かぶたくさんの星々はまさに天空のプラネタリウム、毎晩信じられないほどの流れ星がきらめきます。

また、沖縄ならではの美味しい野菜や天然の薬草、ガジュマルの木や神聖な場所である御獄《うたき》など、ここ宮古島には、普段の生活空間に癒しとリラクゼーションをもたらしてくれる要素がたくさんあります。

よく家族でドライブに出かけて、島の周囲を回ったりするのですが、何度も通る道なのに決して飽きることはありません。それは季節ごとに変化する風や波の音、小鳥のさえずりなど、そのつど五感を刺激するものが違っているからだと思います。

日々の暮らしの中に視覚、聴覚、嗅覚、触覚、味覚を癒してくれる豊かな自然にあふれた宮古島。個人鑑定に来られる県外の方々をここでお迎えしているのは、少しでもこの地の自然に触れて、思いっきり五感を磨いていただきたいからです。

五感をともなった体験は、第六感の働きを高め、内側にあるものを引き出しやすくしてくれます。

霊感、第六感、インスピレーション、ひらめき、虫の知らせ……。

これらは、直感と呼ばれているものと同じ魂からの呼びかけ。私はそう思っています。

直感、霊感、第六感は誰のなかにもあるもの。この内側からのサインをしっかりと受け取って活かせるようになれば、自分を変えることは決して難しくないということを、ぜひこの本を通してみなさんに知っていただければと思います。

それを表現するなら、こんな感じでしょうか。

五感から取り込まれたさまざまな情報は、潜在意識という貯蔵庫の整理棚にしまわれます。

直感、霊感、第六感は、魂から発せられているスピリチュアルな声。そしてその内なる光のエネルギーは、潜在意識を通ってメッセージを届けます。

自分が気になることやワクワクすることにチャレンジしたり、一つひとつ行動に移していくことによって、心から幸せを実感できますし、自分らしい人生を自分自身でデザインしていくことができるようになります。

私はこれを、「幸せのセルフコントロール」と呼んでいます。

セルフコントロールができれば、自分以外の何かに頼りっぱなしになることもないし、自分で自分の人生を切り拓いていけます。

私のところには、宮古島の自然で五感を磨くために、そして宇宙から降り注ぐ太陽の光に、夜空の星々や月の光からエネルギーをもらい、自分の中の古くなったものを吸い取ってもらうついでの「幸せ報告」で来島されると嬉しいですね。

相談者の中には、はるばる宮古島までおいでくださっても、ゆったりと自然の風を感じたり、風景を楽しむだけの心の余裕がない方がたくさんいらっしゃいます。

私のアドバイスを聞き、少し前向きになって、行動に移せたとしても、自分自身のセルフコントロールができていないと、一時しのぎになってしまいますし、心の中のもう一人の自分の声を無視していては、いつまで経っても根本的な問題解決にはなりません。

根本的な問題を解決しないまま、いつもの生活に戻っても、ちょっとした出来事でアッという間に、ネガティブな感情がでてきます。そしてどうしていいかわからなくなって、すぐに行き詰まってしまい、他力本願になったり、何かに依存したりと悪循環に陥ってしまいます。

そんなことをくり返していては、心の中のモヤモヤは晴れず、精神的安定を得るのは難しいでしょう。もうそろそろ負のスパイラルから抜け出し、心の底からスッキリしたいと思いませんか？

あなたがもし、自分のマイナス思考をプラスに変えて、自分で幸せな人生をデザインしたいのなら、しっかりと自分の内面と向き合い、意識的に五感を活用し、心のクセをコントロールする必要があります。

そのための幸せのセルフコントロールは、直感、霊感、第六感という自分自身の人生のナビゲーションに素直に導かれるところから始まります。

そして、誰でもその気にさえなれば、それができるんです！

というわけで、本書では、直感、霊感、第六感を磨いて、幸せな人生をデザインしていくためのヒントについてお伝えしたいと思います。

どうぞ、肩の力を抜いてリラックスしながら、読みたいと思うところから読み進めてみてくださいね。

あなたが、あなたにとっての幸せな人生をデザインできるよう、本書が少しでもお役に立てますように……。

上地一美

心の階層

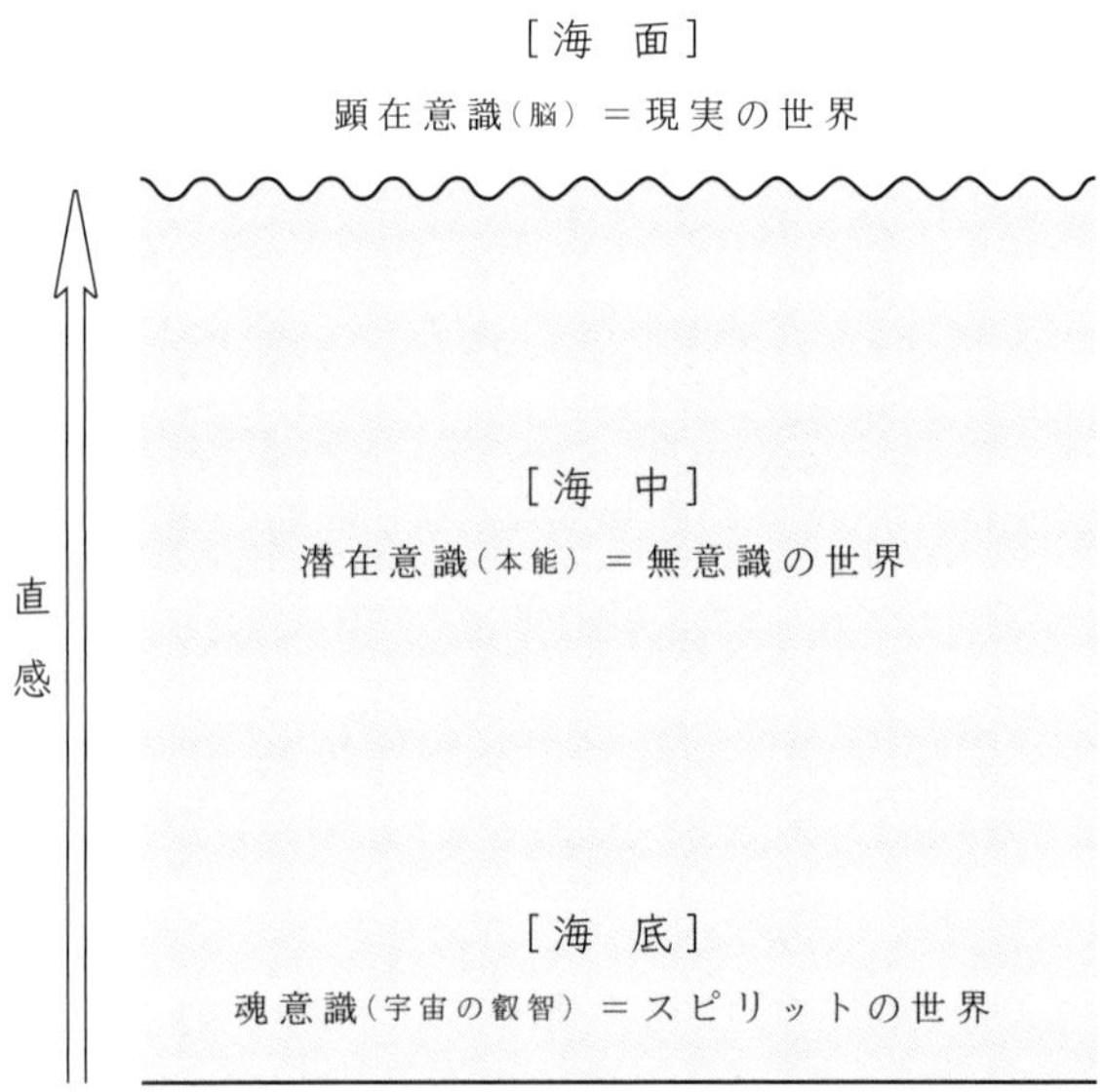
[海　面]
顕在意識（脳）＝現実の世界
[海　中]
潜在意識（本能）＝無意識の世界
[海　底]
魂意識（宇宙の叡智）＝スピリットの世界
直感

直感をみがいて幸せになる

目次

Part 1

意識の仕組みと魂からの呼びかけ

Part 2

すべて自分の中に答えがある

Part 3

心が変われば生き方が変わる

Part 4

心のエクササイズで直感を磨く

Part 5

幸せのナビゲーション・直感の磨き方

Part 6

直感を輝かせる人や自然との触れあい

Part 7

幸せ人生を自分でデザインするために

写真　上地直樹

Part 1

意識の仕組みと魂からの呼びかけ

気のエネルギーを感じ取る「直感」

霊感、第六感、インスピレーション、ひらめき、虫の知らせ……。

このような五感を超えた働きのことを、ここではまとめて「直感」と呼びたいと思います。

直感というと、「何となく○○のような気がする」といったひらめきのようなもので、ほとんどの人は、気づいてはいるけれどついスルーしてしまうような不確かな感覚ではないでしょうか。

でも、気というのは見えないエネルギーなので、「気がする」ということは、必ずそこに何らかの見えないエネルギーが働いているんですね。

昔から、天気、元気、陽気、陰気、邪気等々の言葉が使われてきたのも、天気は天（自然界）のエネルギーの流れ、元気はもともと生き物に備わっている生命力、陽気はほがらかで明るく温かいエネルギーの流れ、というふうに、見えないけれど確かにあるからこそ、その言葉として表現され、今日まで伝わってきたんだと思います。

亡くなったご家族のことで相談に来られる方々の中にも、「何かメッセージがなかったですか？」と訊《たず》ねると、「そういえば、あの時、傍《そば》にいたような気がする」という人が多いのですが、そんな時には実際に亡くなった人が傍に来ているんです。

それをその人が信じるかどうかですが、いずれにしても、何らかのエネルギーを感じているからこそ、そのような「気がする」わけです。

なので、直感を信頼するということは、気というエネルギーがあるということを信じるかどうかだけのことで、何も特別なことではなく、とってもシンプルなことなんですね。

よく「それは気のせいよ」などと、否定的な意味あいで使われることもありますが、逆の見方をすると、気というエネルギーが流れているからこそ、直感的に反応しているわけで、「気のおかげ」ともいえるわけです。

つまり、「気のせい」と思っている人も、実は、目に見えない気の働きに気づいてはいるんです。

そんなふうに、誰もが気づいてはいるはずなのに、見えないエネルギーのことや直感について他の人に話をすると怪しく思われるんじゃないかとつい警戒心が働いてしまい、他言するのを避けたり、自分の中でもあえて気にとめないようにしているのではないでしょうか。

まして、多感な思春期に、直感で感じたことを素直に話したら、親から「そんなことを言っちゃいけません」などとたしなめられたりして、「これは他人には言ってはいけないことなんだ」と思い込んでしまうケースも多いでしょう。

そんな体験があるとなおさら、自分の直感を信頼することや、直感的なひらめきを他の人と共有しづらくなってしまうのではないでしょうか。

でも、気のエネルギーを感じ取る直感は、五感と同じように誰にでも備わっている本能です。特別な人だけに備わっているものや、訓練しないと養われないものでは決してなく、自分がそれを信頼さえすれば、確かに「ある、ある！」とうなずけるはずです。

心は海のような階層構造になっている

では、この直感はどこからくるのかというと、魂やスピリットと呼ばれる心の一番深い領域です。

つまり、霊感などと同じように、魂が発しているサイン、メッセージが直感です。

この魂が発しているメッセージをしっかりキャッチして、それは今の自分にとってどのような意味があるのかを意識しながら、自分が気になることや本当にやりたいと思うことを絶妙なタイミングで行動に移していく……。

そんなふうに、自分自身の直感に従って行動することで幸せな人生が歩めます。

そこで大事なのは、意識的に自然と関わりながら、五感と調和させることです。

これが、私がこの本でお伝えしたい、幸せな人生を自分でデザインする方法です。

幸せを感じられる人生を自分で創造し、楽しむことができれば、むやみに競争したり、人と比べて落ち込んだりすることもないですし、誰かに依存する必要もなければ、何かあっても深刻に悩み続けることもないでしょう。

直感を上手に活かしている人は、自分が好きなことや得意なことを思う存分楽しんでやっていけるので、苦労さえも自然の流れと捉え、バランスの良い幸せを実感しながら、歳をとってもイキイキとした人生を送れます。

幸せな人生を自分でデザインする秘訣、それは五感を研ぎ澄まし、自分の中にある魂からのメッセージを信じて上手にキャッチすることで、直感をピカピカに磨くことです。

人生の案内役、幸せのナビゲーション、それが直感なんですね。

では、どうすれば直感が磨けて、それを現実に活かせるのでしょうか?

そのためにはまず、直感がどのように生まれるのかを知っておく必要があります。

直感は魂と呼ばれる領域から生まれると言いましたが、それは心の中の話です。

心とはどこに在るのでしょう?

私たちの心は、「顕在意識」「潜在意識」「魂意識（スピリット）」の三つの層に分けられます。この三つの意識の層を海にたとえたのが、十ページにあるイラストです。

イラストを見ていただけばわかるように、顕在意識は波の表面に当たり、現実生活を営むうえで、常に波打っている海面です。

ここは、ふだん私たちが自覚している意識の世界で、五感を意識的に活用することのできる心の領域でもあります。

顕在意識は、脳の働きによってコントロールされていて、毎日いろんな出来事に遭遇するなかで起きる喜怒哀楽の感情や、「こうしたい」とか「かくあらねばならない」などの思考が働いていて、それらが波のように変化しながら、現実世界を生きていくための活動を続けています。

その下の潜在意識は、ふだん私たちが自覚していない無意識の領域です。

ここは、海面からは見えない海の下で、深くなるにつれて日光が届かなくなって、暗くなっていきます。

そこは、生まれながらに備わっている本能や、五感を通して得られたさまざまな情報や知識が蓄えられている貯蔵庫です。

「火事場のバカ力」のような本能、命を守るための情報、小さい頃から知らず知らずのうちに親や他者から刷り込まれた情報、トラウマ、体験を通して得た経験知、前世から引き継いでいるパターン、潜在能力等々、マイナス情報もプラス情報もすべてインプットされています。

こうした情報が折り重なるようにして、無意識の心のクセ、つまり、その人特有のマイナス（あるいはプラス）の捉え方や思考パターンがプログラムされていきます。

一番下の魂意識は、海底のような最も深い神秘的な領域です。いのちの根源でもある霊的な世界、スピリット（魂）そのものです。

ここには、宇宙の叡智《えいち》があり、「本当にやりたいこと」「自分の進むべき道」を指し示す、幸せな人生をデザインするための答えがすべてあります。あの世や前世ともつながっている、時間・空間を超えた世界（次元）です。

この魂意識から発せられているのが、直感というサイン、メッセージです。

つまり、魂からの呼びかけは、最も深いスピリットの世界から発せられていて、潜在意識の貯蔵庫に溜め込まれたさまざまな情報の中からその時にベストな情報を選択しながら、私たちはそれを何となく直感、インスピレーションとしてキャッチしているわけです。

この魂の声に従い、自然の流れに沿って生きることができれば、私たちは幸せでいられます。このように、私たちの意識は、目に見えない部分のほうが占める割合が大きく、強い力を持っているのです。

潜在意識にはさまざまな情報がインプットされている

潜在意識について、さらに詳しくみてみましょう。

一般的に顕在意識は十パーセント、潜在意識は九十パーセントと言われています。この無意識の領域には、命を守るためのマイナス情報とプラス情報の両方がプログラミングされています。

命を守るためのマイナス情報というのは、生存本能や、親や周囲の大人たちから教えられた、危険なことを避けるための情報や智慧《ちえ》のことです。

たとえば、「急に道路に飛び出しちゃいけない」「車に気をつけなさい」「急いで横断歩道に入ったらいけない」などと、親は子供に命の危険が及ばないようにそれを教え諭《さと》しますが、子供にとっては自由な行動を抑制されるという意味でマイナス情報といえます。

このマイナス情報がインプットされていることで、子供は注意力や警戒心が働いて、危険を避けるための直感が働きやすくなります。

特に女性の場合は、妊娠した時から、タバコの煙や排気ガスを避けるなど、胎児に危険が及ばないように注意し、命に害を及ぼすものに対して否定的（マイナス）な反応をします。それが命を守る情報として母親から子供に伝えられ、子供の潜在意識の中にプログラムされて、何かの拍子《ひょうし》に直感として働くわけです。

たとえば、歩道を歩いていて、靴紐《くつひも》がほどけているのに気づいたのでそこで立ち止まって紐を結んでからまた歩きはじめたところ、その直前に車が猛スピードで歩道に乗り上げて大事故を起こしていた。そこで、もし急いで歩いていたら事故に巻き込まれていた、などというケースも、予《あらかじ》めプログラムされていた危険を回避する情報を直感的に選択したことになります。

このように、親が幼い子供にわかりやすい言葉（言霊《ことだま》）で注意を促してあげると、子供はあえて痛い思いをすることもなく、将来危険が及びそうな時に命を守るためのプログラムとして有効に働くことになります。

一方で、放任主義の親に育てられた子供は、そのような命を守る情報をインプットされていないので、何が危ないことなのかは、実際に自分が体験してみないとわかりません。

「○○をするとケガをするよ」と注意された経験がなければ、自分の判断だけが頼りなので、実際にケガをしてみて危ないことだと知り、そこで初めてその情報がインプットされることになるのです。

ストレスに対しても、予め命を守る情報が私たちの中にプログラムされているからこそ、私たちはストレスが溜まり過ぎないように避けることができます。

人は心が苦しい、辛いといった強いストレスを感じたりすると、本能的にその状況から逃げだしたくなりますが、それは危険から逃げるのと同じなのです。

そのように危険を回避するマイナス情報に対して、プラス情報というのは、安心感を与えたり、その人のやる気を高め、より自分らしく生きるために役立つ情報のことで、潜在能力を開花させてくれるような前向きの感情やイメージ、考えなどです。

このように、私たちの潜在意識は、五感から取り入れたものを良い悪いと判断することなく、マイナス情報もプラス情報もすべて記録し、何でも貯蔵している貯蔵庫なのです。

普段は意識していませんが、魂は、この貯蔵庫にある膨大な情報の中から、その時の状況に応じて特定の情報をチョイスして、瞬時に直感として本人に伝えているんですね。

なので、できるだけいろんな経験を重ねていくことが大事で、経験を重ねる分だけ直感的に選び出す選択肢が増えることになります。

ただし、気をつけなければいけないのは、潜在意識には、ストレスやネガティブな感情、思い込みパターンなども蓄積されるということです。

自分のストレスパターンを観察してみましょう

魂からのメッセージである直感をダイレクトに受け取るためには、自分にとってどんなことがストレスになるか、ストレスを感じたら自分はどんな反応を無意識にしているか、そのストレスパターンを見極めることが大事です。

普通は、自分にとって嫌な出来事があると、その出来事がストレスに感じると思っていますが、実は、どんな出来事があったとしても、その人の中でストレスに対して反応しているのは、ごく限られたマイナスの感情だったりします。

たとえば、潜在意識の中に不信感や悲しみ、怒りなどの根深い感情があると、ことあるごとにその感情が湧きおこって、「○○に違いない」「どうせ○○だろう」などといった否定的な考えが頭に浮かびます。

自分では、ある出来事に対して喜怒哀楽などのいろんな感情が湧きおこっているように感じていたとしても、実は、その奥にはその人の感情的なパターンがあって、いつもそこで反応しているということです。

感情は思考と直結しているので、この根っ子にあるネガティブな感情はそのままその人のマイナス思考、思い込みのクセとなります。つまり、これが本人の気づきにくい、ものごとの捉え方、思い込みのパターンとなっているんですね。

たとえば、他人を信じられない人は、自分自身も信じられないところがあって、相手のちょっとした表情の変化や態度だけで、「あの人は私を拒絶している」などと勝手に思い込む。何か少しでも行き違いがあると、「えっ、なんで!?」と感情的に反応し、その時に相手がどんな気持ちや状況だったかを確かめもせずに、「やっぱり、私のことを嫌っているんだ」と決めつけて、自分の殻の中に閉じ籠《こも》ったままそこから出ようとはしない……など。

こうなると、「また絶対うまくいかないな」という思い込みが強化されていくだけです。

これが典型的なマイナス思考です。

つまり、出来事が十あろうが百あろうが、その人のストレスパターンはとてもシンプルで、どんな出来事や何に対してもいつも同じ反応をしてしまうのです。

自分のストレスパターンを自覚しないままでいると、いつも同じ感情にふりまわされることから、対人関係においても同じようなトラブルに見舞われ、しかもその原因を自分ではなく、相手のせいにしがちです。「あの人があんなひどいことをした（言った）からこうなったんだ」と。

あるいは反対に、罪悪感から自分を責めるタイプの人もいます。たとえば、メールのやりとりで、相手からのメールにすぐに返信ができない時、「あの時、忙しかったのですぐに返せなくてごめんね」と言えず、相手は気にしていないにも関わらず、すぐに返信をしなかった自分を責め続けてぎくしゃくし、結局、相手との間が気まずくなってしまうというパターンもあります。

いずれにしても、自分の中に潜んでいるネガティブな感情がストレスパターンとして反応し、「こうに違いない」と決めつけたり、「ねばならない」などと思い込んでしまっている。実際には、そうでないにも関わらず……です。

そこで、自分のパターンを観察し、少しでも自覚していれば、一方的に決めつけたり思い込む前に、ものごとの捉え方が広がって柔軟に考えられるようになり、それだけ冷静な対処ができるようになります。

相手との間に行き違いがおきたとしても、「○○に違いない」と勝手に決めつけることなく、「もしかしたら忙しくて忘れたのかもしれないし……」とか、「私はこう思ったんだけど、本当のところはどうだったの?」などと直接相手に聞いて確かめたり、自分の方から真実に歩みよることができるのです。

このように、自分のストレスパターンを知って、ネガティブな感情やマイナス思考を改めていくことで、魂からのメッセージである直感をダイレクトに受け取りやすくなるんですね。

イメージ的には、ストレスパターンを意識（自覚）することでそれが制御されて、直感という魂のエネルギーを受信する際に、ノイズ（雑音）が入らなくなる、そんな感じでしょうか。

なので、何かトラブルや悩みがある時には、まず自分の中にどんなストレスパターンがあるのか、そこに意識を向けてみてください。

私のところに相談に来られる方々も、だいたい一つから三つくらいのストレスパターンを抱えていて、それが根本的な原因となって悩んでいるケースがほとんどです。

もちろん、どんな人でも、多かれ少なかれネガティブな感情やマイナス思考はあるでしょうし、無意識のクセやパターンはそれなりの年月をかけて刷り込まれてきたものなので、一度に全部取り除くことはムリな話かもしれません。

また、生まれる前の前世から持ち越してきた心のクセや行動パターンもあります。

人は誰でも、前世からの課題を克服して、バランスをはかるために生まれ変わるわけですが、亡くなる時にそれまでの人生に対する後悔や自責の念が強い場合、また同じようなパターンをくり返してしまうことがあるんですね。

いずれにしても、悩みの本当の原因は、さまざまな出来事ではなく、その人の潜在意識の中にあるシンプルなストレスパターンです。

太陽の光を浴び 自然と触れあうことで 直感が冴えてくる

ストレスパターンの核になっているマイナスの感情は、先ほどの命を守るマイナス情報とは違って、真実に向き合いたくないという後ろ向きの感情や思いで、いわば臭いものにはフタをしているような状態です。

でも、いくらフタをしているつもりでも、何かあればすぐにそのフタが開いて、また嫌な臭いが立ち込めてしまうことになります。つまり、それが人との衝突や不要なトラブルを生む原因になっているということです。

ここで、私たちの意識のありようを太陽と海の関係に例えてみましょう。

自分の核としての魂が地球だとすると、そことつながっている宇宙の叡智の核に当たるのは太陽です。

太陽がさんさんと輝いていると、気分がすっきりするのに対して、暗雲が立ち込めていると、何となく気分がさえず、ウツウツとした状態になりますよね⁉

これは、太陽の光が海（私たちの意識）に差し込んで、海中（潜在意識）がクリアに透けて見えるように、海と同じような水分でできている私たちも太陽の光に反応しているからです。

太陽の光が意識の底の方までくっきりと差し込んでいる状態であれば、その間に漂っている潜在意識のようすがクリアになって、魂もその中に貯えられた雑多な情報の中から真実や本人にとって本当に必要な情報をチョイスしやすくなります。

ところが、太陽の光が届きにくい薄暗い状態であればあるほど、潜在意識の中も混《こん》沌《とん》としたままで、ストレスパターンやネガティブな感情が、光を求めて表に出てこようとするんですね。

ですから、何か悩みを抱えているような時は、人間関係などでいつも自分はどんな反応をしているかなどと、ストレスパターンを見つめてみる良い機会です（詳しくは

Part 2で述べます)。

そのためにも、できるだけ自然の光を浴びるよう心がけることが大事で、そうすれば意識もクリアになって、悪循環に陥らずにすみます。

この本で、自然の大切さや自然と触れあうことをオススメしているのも、太陽や月、星々の光が放っているエネルギーが私たちの意識や魂と密接につながっているからです。あまりにも自然から離れ過ぎた生活をしていると、どうしても直感が鈍ってきます。

都会生活は確かに便利でスピーディーですが、あまりにも人工物に囲まれて人工的な生活に偏ってしまうと、五感そのものが狂ってしまうおそれがあるからです。

たとえば、味覚障害の子供たちが増えているのも、天然、自然な食べ物をとることが少なくなって、たくさんの合成添加物を使った食品や人工的な味付けのものが増えたことと無関係ではないのではないでしょうか。

昔は、化学調味料もなかったので、自然の素材からダシを取って、なるだけ旬のものを、素材を活かすように調理して食べていました。そんな食事は、刺激は少なくても、自然の気がたくさん詰まっていたんですね。

自然はそこにあるのが当たり前と思ってしまって、その恩恵を忘れがちになるので、意識して関わることが大事です。

都会暮らしの方も、折にふれて土に触れたり、たまにはゆったりと温泉に浸るなど、できるだけ意識的に自然と触れあい、五感で気を感じられる機会を増やすように心がけてみてはいかがでしょうか。

感受性が強い人は直感力も鋭い

直感は、感受性とも関係していて、感受性が強い人は、直感力が鋭いところがあります。

感受性を辞書でひくと、「外界の刺激や印象を感じ取って心に受《う》け容れる能力」とあります。つまり、人よりも見えない情報を受け取る能力に長《た》けている、敏感な人ですね。

お子さんが登校拒否になったり、引きこもってしまってというケースで相談に来られる方々のほとんどが、感受性の強いお子さんをお持ちです。

感受性が強いお子さんは、たとえば、他人のちょっとした表情の変化を見て、その人がどんなことを考えているかがすぐにわかってしまうので、人一倍傷つきやすいところがあって、マイナス感情が溜まりやすくなります。

なので、小さい頃からご両親が、この子は感受性が強いんだ、と理解してあげて、人間関係で何か気になることがあってもマイナスに捉えないように、気持ちを切り替えられるように諭してあげる配慮が大事です。

たとえば、友達との間で何か気になることがあって、お子さんが、「こんなふうに感じたんだけど」と話してくれたら、「そんなふうに感じたんだ。そしたら、こんなふうに言ってあげたら」「もしかしたら、相手はそんなつもりじゃなかったのかもしれないから、直接聞いてみたらどう?」などと、対応の仕方を教えてあげれば、否定的な気持ちを持たなくてもすみます。

感受性が強いということは、気のエネルギーを感じやすいということなので、そのようなお子さんは自然界の気に対しても敏感です。

「何となくここは居心地がいい場所」、反対に、「ここから先には行きたくない……」などと、気の良し悪しがわかるので、それも一つの能力として大事にしてあげると、五感を通して自然界のプラスの気をたくさん取り入れられて、その子にとってのストレス解消にも大いに役立つと思います。

メディテーション（瞑想）によって心の奥を観察する「意識のダイビング」

誰でも、直感という魂からの呼びかけをしっかりと受け取り、それを意識化することによって、幸せにつながるセルフコントロールができます。

意識化するというのは、魂からの呼びかけを遮《さえぎ》ってしまっているマイナス感情（ストレスパターン）やマイナスの思い込みからいったん離れて、直感に素直に従ってみることです。

そして、そのための最もシンプルな方法が、メディテーション（瞑想《めいそう》）です。

メディテーションは、身体をリラックスさせて、深い呼吸を維持することによって、自然に脳波がα波に導かれ、日常のザワザワした意識から離れて、潜在意識につながりやすくなります。

やり方としては、吐く息に意識を向けながら、できるだけ長く息を吐ききって、自然に鼻から新鮮な空気を吸い込み、これをくり返すことがポイントです。

メディテーションにはいろいろな方法がありますが、私がここでオススメしたいのは、自分自身と向き合い、心のトレーニングをする、メディテーションです。みなさんもご存じだと思いますが、できるだけ静かな空間で、心地良い体勢をとって、軽く目を閉じ、いつもよりも長くゆったりとした呼吸をくり返すことによって心とからだを落ち着かせ、リラックスした状態に保ち、現状がどうであれ、未来において自分自身が希望する結果をイメージする。心の中のいらなくなったマイナスのプログラムを書き換え、エネルギー（気）を高め、幸せへと導いていくのです。

いつもよりも長くゆったりとした呼吸は、脳波がα波やθ波になって、普段の顕在意識から潜在意識の領域にスイッチが入れ換わって、無我無心になりやすくなります。そして、ある程度メディテーションをくり返していると、暗闇の潜在意識の領域に光があたって、ゆっくりとより深い魂の領域に向かって降りていきやすくなるので、心と身体のバランスをとるのに必要な、魂からのインスピレーションをキャッチしやすくなるための訓練法となります。そして魂を解放してくれます。

というわけで、私はこれを「意識のダイビング」と呼んでいます。

できるだけ意識を集中できる静かな空間で、深呼吸をくり返しながら、よいイメージを描きリラックスすることが大事です。少し訓練すれば誰でもすぐに変性意識になります。

ストレスでネガティブな気分に陥っているときこそ、心と身体の休息が必要です。メディテーションで自分が希望することをイメージすると、心も身体もリラックスできます。リラクゼーションすることでストレスが解消され、希望の光を見つけることができます。

このメディテーションによる自己観察は、実際のダイビングのように資格がなくても誰でも簡単に実践できるので、オススメです。

この意識のダイブ（ダイビング）によって、潜在意識の領域が探索できるようになると、それまで気づかなかった自分の心のクセにも気づけるようになり、さらに深い領域である魂からのサインも受け取りやすくなります。

ところが、潜在意識の領域にあまりにもストレスやマイナスの感情などが貯蔵され、不純物で汚れていると、魂からのサインも受け取りにくくなります。潜在意識が汚れる原因=海中の不純物は、頑《かたく》なな思い込みやマイナス思考、過去のトラウマやネガティブな感情などです。

自然界の仕組みと私たちの意識のつながり

自然の流れにそって生きることも、幸せにつながります。

自然界の仕組みと私たちの意識は、とっても深〜いつながりがあるからです。

地球は、私たちがまったく意識しないところで、完璧な角度で地軸を傾け、完璧な速度で自転し、完璧な距離を太陽から保ってその周りを回っています。

そして、宇宙は私たちが今、この瞬間、ここに存在できる完璧な条件をつくり出してくれています。

もし、少しでも太陽や月と地球との距離が違っていたり、地軸の角度が違っていたら、地球上に生命は誕生しなかったことを思えば、私たち人間にとっても、この宇宙の絶妙なバランスや自然のリズムがとても大事であることがわかります。

人間関係もそれと同じで、相手との距離が近すぎず、また遠すぎない、ちょうどいい距離感を保つことによって、お互いにストレスにならない、プラスの関係を築くことができるのではないでしょうか。

太陽に近づき過ぎれば、すぐに燃え尽きてしまうように、激情的なタイプの人にはあまり近づき過ぎないのが賢明ですが、反対に、その人にとって優しさを感じる人には自然に近づきたくなりますよね!?

そのように、人間関係においても、人それぞれにバランスを取る、いい距離感を保つことが大事で、友達になったからといって何でもかんでも話をしたり、夫婦だからといってまったく秘密を持ってはいけない、と決めつけないことが大事です。

結婚相手に対して、何気なく過去におつき合いした異性の話をしたとしても、それが気になるお相手だと、のちのち二人の関係がぎくしゃくすることになりかねません。相手との関係によって、言っていいこと、言わなくても（聞かなくても）いいことがあるはずで、そのバランスを上手にとっていくことが人間関係を良好に保つ秘訣ではないでしょうか。

何でも本音で語ることが良いことだと思い込んで、すべて正直に言わなくてはいけない、と捉える人もいますが、本音というのは、言いたくない、聞きたくないという本音もあるんですね。

自分が本音を言いたいと思っても、感情をストレートな言葉で表して相手を傷つけてしまうこともあるので、できるだけ相手を傷つけない表現を考えてしゃべることが、バランスを取ることです。

仕事とプライベートの関係についても、バランスが大事で、いくら好きなことでも、どちらか一方だけに偏ってしまうと、ストレスが溜まります。

がむしゃらに仕事を続けていて、プライベートを楽しむ時間がほとんどない人も多く、そのような場合、「楽しいことは何ですか？」と聞いても、「特にありません」といわれます。「過去はどうでしたか？」と訊ねると、「学生時代は好きな○○をやってました」という返事が返ってきます。

そこで、好きだったことやずっとやりたいと思っていたことを思い出してもらうのですが、そんなふうに、自分の好きなこと、楽しいと思えることに意識を向けることで、アンバランスな状態を改善するきっかけになるんですね。

何にしても、宇宙や自然と同じように常にバランスに配慮することが大事で、そうすれば自分も相手も傷つけることなく、お互いに良好な関係を築いていけるし、公私共に充実した人生を大いにエンジョイできるのではないでしょうか。

人生にも季節があり周期（リズム）がある

また、自然の流れに沿って生きるという場合、人生の浮き沈みに応じてバランスをとり、頑張り過ぎたり無理をしないこと、という意味も含まれます。

自然界では、安定した気候の時もあれば、嵐が吹いたり大雪が降ったりと気候が激しく動く時もあります。

たとえば、宮古島の人に、「大きな台風が近づいている時に、いつもどおりに働きますか？」と訊ねるとしたら、誰もが「いいえ」と答えると思います。この時ばかりは何もしなくても誰からも責められないので、皆が気がねなく休めるからです。

人生もそれと同じように、昼があれば、夜もある。夜になったら眠るように、大きな壁にぶつかったり、ショッキングな出来事や忙しさでストレスが溜まり過ぎた時には、一旦、立ち止まればいいんです。

そこで、何が何でも……と頑張り過ぎたり、無理をしたりせずに、リラックスして気分転換をはかることが大切で、そんな時こそ直感からのサイン、メッセージに素直に耳を澄ませてほしいと思います。

人生にも季節があり、周期（リズム）があります。

ちょうどこの原稿を書いている時に、急に父が病気で倒れて手術をしました。

病床で父の姿を見た瞬間、私は心の中で「今はまだ逝かないで。私に介護をさせてほしい」と願い、病院で付き添うことにし、それからしばらくの間、病院通いが続きました。

個人鑑定の申し込みは相変わらず立て込んでいました。でも、私の中では「休ませてほしい」という直感からのメッセージがあったので、それに従って、その間は仕事をお断りさせていただくことにしました。

昔の私なら、それでも無理をして予約を受けていたと思いますが、直感に従ったことで、毎日、父に対して気（エネルギー）を送ることができ、お医者さんから「奇跡的」と驚かれるほど、父は回復を遂げてくれました。

その時に思いきって鑑定の仕事を休んだことで、親子の絆が深まったようで、私にとっても、また父にとってもプラスに働いたんだと思います。

人類は同じ歴史をくり返してきている!?

私たち人間は、他の動物たちとは違って、よほど意識しないとバランスを崩してしまうところがあって、知らない間に自然に逆らった生き方をしてしまうのも、ある意味人間の性なのかもしれません。

というのも、かつて人類が同じような歴史を辿《たど》った形跡が見られるからです。

たとえば、古代の壁画に飛行機やヘリコプターのようなものが描かれていたり、ノアの箱舟伝説が各地に残っていることなどから、人類は、大昔から何度も同じような文明を築いては滅びてきた歴史があるのではないかという気がします。

だとしたら、今のように科学文明が発達していた時代もあって、今の私たちと同じように便利な生活を送っていた人たちもいたかもしれません。それが、やがて戦争や環境破壊などで人類が方向性を誤ってしまい、地球がおかしくなったのでノアの箱舟の大洪水のような天変地異が訪れたとも考えられるのではないでしょうか。

ノアの箱舟には、洪水後、新たな地球に再生するために、男女と地球上のあらゆる生物のつがいが乗せられ、彼らがまた一からやり直しをしていった……。その時代には文字で残す手段がなかったので、絵で表現したのが古代の壁画ではないかという気がします。後世の人たちに、「同じことをくり返さないように」というメッセージを込めて……。

人によっては、「そんなことあるわけないでしょ」と言われるかもしれませんが、実際に、古代史研究家にもそのような推測をする人もいます。

もしそうだとすると、私たち一人ひとりが輪廻《りんね》転生をくり返しているように、人類全体もまた輪廻をくり返していることになり、過去と同じ過ちをくり返さないことが、今の人類全体の課題とも言えるのかもしれません。

直感を磨いて
幸せになる
essence
❶

幸せな人生を
自分で
デザインする

霊感などと同じように、魂が発しているサイン、メッセージが直感です。この魂が発しているメッセージをしっかりキャッチして、それは今の自分にとってどのような意味があるのかを意識しながら、自分が気になることや本当にやりたいと思うことを絶妙なタイミングで行動に移していく……。

これが、私がこの本でお伝えしたい、幸せな人生を自分でデザインする方法です。

幸せを感じられる人生を自分で創造し、楽しむことができれば、むやみに競争したり、人と比べて落ち込んだりすることもないですし、誰かに依存する必要もなければ、何かあっても深刻に悩み続けることもないでしょう。直感を上手に活かしている人は、自分が好きなことや得意なことを思う存分楽しんでやっていけるので、苦労さえも自然の流れと捉えて、バランスの良い幸せを実感しながら、歳をとってもイキイキとした人生を送れます。

Part 2

すべて自分の中に答えがある

宇宙と響きあっている魂意識

私たちの魂意識は、常に宇宙や自然の法則、流れと響きあっています。

魂には、その人が「何のために生まれてきたのか」という人生の目的や、今回の人生において抱えているテーマ、そしてそれを克服していくための方向性やヒントなどの答えがすべて刻まれています。

私がやっている霊視鑑定は、相談者の魂から発せられているメッセージをキャッチして、それをお伝えしているのです。

なので、私の考えで、こうしなさいなどと指示をしたり、このように行動した方が絶対いいと強制するようなこともありません。

ただ、その方が魂からのメッセージに気づき、素直に行動することができれば、必ず現実がいい方向に変わっていくのは確かです。

それは、まるで毛細血管の中を流れていく血液のように、魂から発せられた光のエネルギーが、からだの隅々まで染みわたっていくような感じです。

毛細血管はとても細くて、全身にくまなく行きわたっていますが、その先端までしっかりと血液がめぐることによって健康が維持されているのは、みなさんもご存じでしょう。

それと同じように、魂から発せられた光が心の隅々を覆い尽くすことによって、本当に望んでいる現実を目の前に引き寄せてくれる、という感じです。

個人鑑定をする時は、大体こんなイメージです。

目の前のお客さまに対して、心を落ちつかせた状態で、霊視によってその方の魂から発せられている光の軸を受け取ります。

次に、それをどのような形で、その方の毛細血管の中に流し込んでいけば全身によく染みわたって、血流が良くなるだろうかとイメージしながら、「このように行動してみられてはどうですか?」とお話しします。

そこで、その言葉が毛細血管の先端まで染みわたれば染みわたるほど、その方ご自身が腑《ふ》に落ちたように、自ら進んで行動に移されます。

その結果、自分で悩みを解決したり、克服できるような、ポジティブなプラスの心に変わっていかれるのです。

ずっと気になっているのは「本当にやりたいこと」だから

「本当にやりたいこと」を強くイメージすると、潜在意識の貯蔵庫に蓄積されます。意識していなくても、イメージしたことに関わる情報を五感がキャッチしたとき、魂が書棚から一冊の本をチョイスするように瞬時にメッセージとして脳に届けます。

「本当にやりたいこと」を行動に移せないでいると、メッセージをキャッチするたびに、「気になってしょうがない」といった状態を繰り返してしまうんですね。

でも、人が自分のために行動するとき、できることだけれども、勇気がいります。

実際に、いろんな方々の相談を受けていると、「自分のために」ができないから苦しんでいる方もとっても多いんですね。

そのような場合、前述したように、自分のことを信じられなかったり、他人と比較して、「私はダメな人間なんだ」といった否定的な感情、ストレスパターンがあるケースがほとんどです。

でも、それは潜在意識の中にある、過去の情報や体験によって刷り込まれたマイナスの感情であって、さらにその奥には宇宙の無限の叡智《えいち》とつながっている魂意識があるんです。

自分の中には、まっさらな自分、幸せのナビゲーターとなる魂意識があるんだということをぜひ信頼してみてください。

魂からの呼びかけに気づいて、ほんのすこーし勇気をだして、バランスよく行動に移していけば、必ず魂の自己実現ができるようになります。

自分のペースで少しでも行動に移していけば、もやもやとした、不幸せ感を感じることはなくなり、自分の内側で幸せを実感できるようになるのです。

魂の声を聴くことを意識して生きれば、自分で望む幸せのデザインを描いて、現実化できるようになるわけですが、イメージ的には、誰かに運転をしてもらって決まった場所にドライブに連れて行ってもらうのではなくて、自分で車を運転して自分が行きたいところにいつでも自由に行けるようになる、「魂の自由」とは、そんな感じでしょうか。

何かに縛られることもなく、魂が望む方向に向かって行動できるので、それだけ自由で、行動範囲も広がるのです。

とは言うものの、それが魂からのメッセージと思えずに、行動できない方が多いのも事実です。

なぜ行動できないのかというと、自分で自分の魂の声をキャッチできるということに対して信頼が持てないので、自分自身に自信が持てないからなんですね。

つまり、今までの思考パターンで自分を信じきれない、そこにマイナス思考というブレーキが働いてしまうんですね。

でも、誰でもその気にさえなれば、そのブレーキを外《はず》すことができます。

そして、自分の直感を信頼して、行動に移しながら一歩ずつでも前に進んでいけるようになれば、逐一《ちくいち》誰かに相談しなくても自分で望むような幸せな人生を切り拓いていけるのです。

魂は本人が本当にやりたいことをやり遂げるまで直感というサインを出し続けている、と気づくことが大事です。

たとえば、二十代にやりたいことがあったのに、それをその時には諦《あきら》めてしまったとしても、四十代、五十代になってから実行に移す人もいますよね!?

その時に諦めてしまったのは、経済的な問題や家庭の事情など、現実的な理由だったかもしれません。

でも、本当にやりたいことは、どんな状況にあっても「あれやりたいな……」「もしやれたら楽しいだろうな……」などと、ずっと心のどこかで気になっているはずです。

その気持ちが浮上してきたときこそが、「タイミング」なんです。

そこで、自分の気持ちに素直になって少しの勇気と工夫でバランスよく行動すると、希望が叶《かな》い、幸せを感じることができます。

仮に、「大学に行きたい」という夢があったとしたら、たとえ今、五十代であっても、大学に入ることだってできるんです。

ようは、自分の素直な気持ちを行動に移すことなく、ただ死に向かって後ろ髪を引かれながら生きていくのか、それとも、いくつであっても、思いきって行動に移して前向きに生きていくのか、の違いです。

からだは歳をとっていくのは仕方ないとしても、心はいつでも十代、二十代のままでもOKで、「この歳になったから……」「世間から見たら……」というのは単にマイナスの思い込み。

それよりも、自分の中の本当の気持ち、それこそがあなたの魂が望んでいることなのです。大事なのは、自分自身が「変わりたい」「変わろう」と希望をもつことです。希望は不可能を可能にしてくれます。その反対の、不安や執着、「○○であらねばならない」という考えは、不安定な気分にさせます。

「ポジティブであらねばならない」も、実は執着でネガティブなんですね。プラスとマイナス、その両方を受け容《い》れることが本当のポジティブなあり方です。「ねばならない」というのは魂の声ではなくて、ほとんど思い込みなので、必ず他人と比べたり、執着や反発をともなうのです。

自分が本当にやりたいことを行動に移すのに、年齢や手遅れということはありません。むしろ、若い頃の夢が生きていくうえでのモチベーションになっていれば、歳を重ねてきただけ、その間の知識や経験が活用できるでしょう。

もし今、あなたがそのような状況にあるのなら、「どうせいまさら無理だろう……」ではなく、「今だからこそやれる」、そんなふうにプラスに切り替えてみてはどうでしょうか？

心の奥の潜在意識では、何となく、今、そのタイミング、チャンスが来ていると感じながらも、頭の中（顕在意識）で、もう歳だから……とそれを否定して諦めてしまうのか、それとも今だからこそやるのか、この違いが人生の質を大きく隔ててしまいます。

心をいつも若々しく保って、自分が好きなこと、やりたい夢が生きるモチベーションになっていれば、「この歳で…」などという〝常識〟や〝世間体〟にしばられたり、後ろ向きに考えることもないと思います。

たとえば、沖縄では昔高校に行けなかった世代、六十代、七十代のおじいちゃんやおばあちゃんたちが、今、学校生活を大いに楽しんでいます。

そんなふうに、いくつになっても本当にやりたいことをやろうとする意欲と行動。それが魂の望みであり、心から納得できる生き方なのだと思います。

たまには……してみよう
その思いつきも
実は直感の働き！

もしかしたら、直感やインスピレーションは特殊なもの、あるいは、特別な場合に限られる、そんなふうに捉えている方が多いのかもしれませんね。

第六感も霊感も根本的には直感と同じもので、誰の中にもあって、無意識にそれに導かれていることの方が多いのです。

たとえば、いつも同じ道を通っていて、今日はこっちが気になるからと違う方向に向かったら曲がり角で友達とバッタリ会ったとか、メールを送った相手から同時にメールが届いたとか、書店へ入ってふと目についた本を手にしたら、ずっと気になっていた著者やテーマの本だったとか……。

そんなふうに、直感は、日頃から人生を豊かにするナビゲーションとして機能してくれているんですね。

直感は、何も人生を大きく変えてしまうほどのサインばかりではなく、日常生活のちょっとした五感の刺激によって現れることが多いものです。

たとえば、サラリーマンやＯＬの方でも、みんながみんな、毎日同じ道、同じ電車、同じお店に立ち寄って、まったく変わりのない生活をしているわけではないはずです。

もしそんなふうに過ごされているのなら、要注意ですよ。

たまには違う道を通ったり、違う電車やお店に寄ったりしながら、その時々の状況にあわせて日常生活の小さな変化を楽しむことで、直感が磨かれます。

たまにはここに行ってみよう、たまにはあんなことをしてみよう、という気持ちと行動が、人生を豊かにしてくれる。それは、一つはマンネリ化しやすい生活パターンに変化をつけることでストレスを解消し、リフレッシュするためですが、実はそれも直感からのインスピレーションなんです。

実は私は今、ある勉強をするために、主人と一緒に定期的に上京しているんですが、ある日、こんなことがありました。

東京都内で主人がいつもの道を歩いていると、どこからともなく懐かしい歌声が耳に入ってきました。音が聞こえてくる方を見ると骨董品屋さんで、そこから流れていたのはエルビス・プレスリーの曲だったそうです。

主人が言うには、その時、プレスリーが生きていた時代の空気感が、まるで今の時空間と重なりあっているように感じたらしいのです。

私はその言葉の意味がすごくよくわかる気がしました。

主人はその時、プレスリーの歌声を聴いたことでフッとリラックスして、過去に自分が「こんなお店をやりたい」という夢を描いた頃のことを直感的にキャッチしていたのです。

「なぜそのお店に入ってみなかったの？」と聞いてみました。

主人としてはその骨董品屋さんに興味があったわけではなかったのだと言っていましたが心が揺さぶられたということは、その瞬間、聴覚を通して何か潜在意識の記憶や情報をキャッチしたはずで、第六感のセンサーが反応したからこそ〝気になった〟のです。

そのとき無意識にイメージしたことはどんな風景だったのか、空間だったのかを意識することです。

人は時に、五感を通して過去の体験や夢に描いた出来事を思い出すことがあります。それは時間と空間を超えた魂の記憶のようなもので、誰でもふとした瞬間に潜在意識を通してキャッチしています。

大事なのは、そのときでてきた感情です。幸せな気分になったのか？　不安な気分になったのか？　魂からのインスピレーションは、迷いや不安を感じることはありません。

直感は、瞬時にキャッチされ、その時間はわずか〇・二秒だそうです。

直感のセンサーが反応したということは、魂からの呼びかけが潜在意識を通って顕在意識の表層に昇ってきている証拠です。

それが〝何なのか〟を知るには、気のせいだろうと流してしまうのではなく、気になるものに近づいてみる、その時でてきた気分や感情、イメージはどんなものだったのか、と意識してみることです。

なので、私は主人に、「そのプレスリーの曲が入っているCDを後で買って聴いてみればいいいんじゃない」と勧めました。

気になるものや出来事、情報や人物などに意識を集中していくと、エネルギー

（気）のつながりが強まって、自分にとっての意味や関わり、本質が浮かび上がってきやすくなるからです。

意識のダイビングで心のツボを探り当てる

個人鑑定をする時も、私は相手の方の魂に意識を向けていきます。

先ほど述べた瞑想《めいそう》状態で、意識のダイビングをするわけです。

心とからだをリラックスさせ、意識を鎮静化させることによって、魂が発しているメッセージをキャッチしやすい状態にする。それはおそらく、実際のダイビングと同じように、海底の景色や魚たちと一体化した感覚になって、相手の魂と同調しやすくなるんだと思います。

さて、鑑定で多いご相談は、自分にとって何がストレスや苦しみの原因になっているのかはっきりとわからずに、ただ漠然と悩んでいたり、寂しい思いをしていたり、あるいはイライラしている、といったケースです。

そのようなモヤモヤした状態から解放されたいのであれば、本当に自分自身が変わりたいのかどうかをはっきりさせることが一番大事です。

なので、「あなた自身はどういうふうにしていきたいの？」「どうなりたいの？」と、自分の人生をどんなふうにイメージしているのかなどを訊ねるようにします。そうすると、ココという心のツボに当たります。

それは、話の途中で声のトーンが変わったり、語気が強くなるなどのサインが必ずあるので、「あぁ、これだ」とすぐにわかるんですね。

それまでご本人は意識せずに話しているんですが、私がサインをキャッチして、「それですよね」と言うと、そこで「あぁ」と気づかれる。声のトーンが変わるというのは、内側から発している何かをご本人がキャッチしているからです。

まさにその方の直感が働いている証拠で、それは誰でも自分自身に意識を向けることでキャッチできるということ――ここがとても大事なポイントです。

たとえば、文字で何かを表現する場合、強調したいところの文字を太く書いたり、大きく書くようなもので、自然に筆圧やタッチが強くなったりするのも、そこに内側からのインスピレーションが働いているということです。

自分自身の思いを書き出してみるのもいいと思います。

そのサインを見逃さないようにしていれば、誰でもその奥にある魂の呼びかけや意図を感じ取ることができます。

内側からわき上がってくるインスピレーションは、ちょっとした相手の態度や言動などからもキャッチすることができます。

たとえば、家族や友人など、お互いに信頼しあえる人とコミュニケーションを取っている時などに、相手の話し方や表情、しぐさなどから、それまでとは違う強さや変化を感じて、「あっ、これが本音なんだな」とか「本当はこうしてほしいんだな」などと本心を窺《うかが》い知ることがありますよね!?

それが、その人の内側からのサイン、メッセージです。

この場合は、いわゆる建て前に対する本音の部分ですが、もっと深い部分と共鳴すれば、魂からの呼びかけや意図をくみ取れるようになります。それが私の霊視鑑定なんですね。

相談者の方に心を開いてもらえるようなカウンセリングをする中で、視覚や聴覚などを通してその方の内側のサインを感じ取り、魂と響きあえるような言葉にして、「こういうことですよね!?」と確認しているわけです。

そんなふうに自問自答すると、自分自身の心のツボを自分で見つけ出すことができます。

気になる色も内側からのサインの現れ?

その時に大事なのは、こちらが先入観を持たず、お互いに信頼感を持って、リラックスした状態で向き合うことです。

自分自身を導いている、魂から発せられる見えない力を信じることです。

すると、主人がプレスリーの歌に響いたように、何となく響きあう状態が自然にそこに生まれるのです。

毎日、数名の方の相談を受けているので、次の人の番になると前の人の内容は忘れてしまいます。それはあくまでその方だけの人生に関わることがらだからです。

そんなふうに会話をしている時は、相手の方のサインを、聴覚を通して言葉として受け取っているわけですが、視覚的に受け取る場合もあります。

たとえば、相談者の方が着ている服の中で、特定の色だけが目についてしまうといった具合です。

色というのはエネルギーですから、その色がその人の内側のエネルギーと関係しています。

これはご本人のオーラとも関連しています。

人はみんなオーラに守られていて、からだの一番内側から、赤、オレンジ、黄色、緑、青、藍色、紫の層があって、全身をすっぽりと取りまいています。

足の裏からも大地に向かって同じように手の長さほどのオーラがあって、それは大地に根をはっているようなイメージです。

私にはオーロラのようにも見えますが、他の人のオーラが見えるのは、第三の目とも言われる心の目で見ているのです。

自分のオーラの色は、だいたい「気になる色」だと思って間違いないでしょう。

ストレスが溜まり過ぎていたり、体調が悪くなるとオーラの色が濁ったり、薄くなったりします。そんな時に、色のエネルギーを補うために、無意識に自分にとって必要な色を身につけることもあります。

そのように、心やからだ、さらにその奥にある魂は必ずサインを送っていて、誰でもその内側からのサインをキャッチしているわけです。

人間は神仏の分霊

なぜ魂は、直感というサインを送ってきているのでしょうか?

もちろん、それはその人がその人らしく、豊かで幸せな人生を送ってほしいからです。ということは、本人を幸せに導く司令塔のような働きをしているのが魂であり、霊感とも言えるわけです。

人間は、神仏の分霊《わけみたま》だと言われます。

分霊というのは、神や仏と呼ばれるような大いなる霊の分身という意味です。

つまり、私たちは、目には見えない大いなる存在の細胞のかけらのような存在で、誰の中にも光輝く神性、仏性（魂のＤＮＡ）があって、それが魂の本質だということです。

言い換えると、一人ひとりの魂はバラバラのように見えて、実は深いところではすべての存在とつながりあっている。「魂は答えを知っている」というのはそういうことなんですね。

では、人は亡くなると、どうなるのでしょうか？

肉体の死を迎えてあの世に行くと、誰もが神仏の世界に還《かえ》ることになります。

神仏というと、何か宗教的なイメージを抱かれるかもしれませんが、あくまでエネルギーの世界のことです。

私は以前、臨死体験のような不思議な体験をしたことがあります。その時に味わったあの世は、何の不安や悲しみもなく、この世の人間が考えるような善悪や区別もない、すべてが平等で、人と神が共存しているような世界……、そんな感じでしょうか。

自分の姿形は、自分では見えませんが、イメージはできますよね!?

そんなふうに、あの世では、肉体はなくても、自分のイメージ通りの姿でエネルギーとして存在していて、ちゃんと魂の記憶や意識はあるんですね。身体はないけれど、確かにそこに在る、という感覚です。

私の経験では、肉体がある時の感情や思考はなくなっていても、意識はあるので、それが魂意識なんだろうなって思いました。

あの世からこの世は全部見えていて、そして、まるで電話がかかってきた時のように、この世の誰かが亡くなった人のことを思うと、その瞬間にあの世の人とつながる感じです。

エネルギーの世界なので、周波数がピタッと合うと、瞬間移動のように引きあうんですね。

それって幽霊のこと？　と思われる方もいるかもしれませんが、そうではありません。何が幽霊と呼ばれているかというと、それは生きていた時の人のマイナスの念なのです。

生きていた時に、強い恨みや憎しみ、悲しみや執着を持っていると、それが念となってその場に残って、映像を映し出したりするんですね。そのようなマイナスの念は、暗くてジメジメとしていて、気分が悪くなるものです。

マイナスの念がなければ、あの世に行っても、ただこの世の人を温かく見守っているだけです。

亡くなった親が子供に対して強い愛情を抱いて見守っている場合の念は、色も明るくて、まばゆい光のようです。まるでオーロラのように綺麗で、「あぁ、これが母性愛なんだろうな」って感じます。

そのような心地よい念は、生きていた頃の姿を現すこともよくあります。色は緑やピンクが多くて、生きている人に対して何か言わんとしている時には、青や水色系の光を発しています。これは、喉《のど》のチャクラの色と対応しています。

このように、良かれ悪しかれ、人の念は死後も存続します。

なので、亡くなった人に会いたいと思えば、ただその人に意識を合わせるだけでいいし、自分があの世に行ったらその人と会うと決めておけばいいんです。

この世においてどんな念を育み、またあの世においても発し続けるか、それはその人がどれだけ魂に正直に生きたか、によるとも言えるのです。

魂からの呼びかけを信頼し行動するかどうかは本人次第

個人鑑定では、私と相談者の魂が同調し合います。

その時の相手と自分の心の周波数が合っているからこそ、何も考えずに向き合っているだけで、相手の心の深い領域につながって同調できる。そして相手の魂に周波数が合うと、自然に答えが浮かび上がってくる、そんな感じでしょうか。

しかし、正直なところ、ごくたまにつながりにくい方もいます。

それは頑《かたく》なな人、固定観念の強い人、自分も他人も信じられない人、過去に辛い経験をしたことがある人……。訪ねてはきたものの心を解放しきれず、鑑定時にはいい感じでその場を終えたのに、実は納得できていなかった、など。

ようは、その方が何を求めて相談に来られたのか、そこにズレがあったわけですが、今はそれもその場でキャッチできるようになりました。

私は感じたままを伝えているだけで、それをそのまま受け入れるかどうかは相手次第。それを吸収して変わっていってくれる人はそれでいいし、もし相手の方がちょっと違うと感じたとしても、その方の気付きのタイミングは今ではないんだなと、そう思えるようになったんです。

それ以来、相手が求めている答えと私がキャッチしたことがある程度一致しているのか、それともズレているのかが、はっきりと見えるようになりました。

そこでギャップが見えたら、相手の方に対して、「納得されていませんよね!?」と確認します。相手の方は一瞬ギョッとした表情になりますが、「あなたはこういう答えを求めているでしょう。でもあなたの魂からはこれしかキャッチできないので、あなたは納得できないかもしれないけど、それをそのまま伝えますね」と続けます。

そうすると、エッという表情をされて、自分はこう思っているけれど、もしかしたら深いところでは違っているのかもしれない、それもあるかも、と思われるようです。実際に、顕在意識では、「私は右に行きたい」と言っていても、魂は「左に行く」と決めていて、そのギャップが原因で現実的に苦しんでいる人がとても多いんですね。

つまり、魂と思考の不一致。

そこで、魂のメッセージを素直に受け取って、じゃあ左に行こうと決めて行動に移せれば、心も楽になって、結果的に幸せを感じられるようになれるんですが……。

とはいえ、それを決めるのは、あくまでその人自身です。

なので、「どうされるかはあなたご自身で決めてください」と言うようにし、そう言えるようになってから、私自身も楽になりました。

自分の魂からの呼びかけを信頼して、素直に行動に移すか、それとも、魂の声とは思えずに、無視したり、何もしないか、あるいは、心のどこかでそう感じてはいても、実際に行動に移すのを躊躇《ちゅうちょ》してしまうか……。

それは、その人のその時の状態や心がまえにもよるでしょう。

いずれにしても、魂は直感というサインを、事あるごとに顕在意識に向けて潜在意識を通して送り続けています。気づいて、気づいて、こっち、こっち…と。

それだけに、真剣に自分を変えたい、マイナス思考から脱したい、本当に自分らしい人生をデザインしたいと思っている方々にとっては、いかに魂からの呼びかけに耳を澄ますことが大事であるか、その点は充分ご理解いただけると思います。

直感を磨いて
幸せになる
essence
❷

自分自身の魂に聞いてみる

自分に自信がない、頭ではわかっていてもなかなか行動に移せない、失敗するのが恐い……。このようなマイナスの感情は、「あなたが本来歩むべき道から逸れていますよ」というメッセージです。

そんな時には、複雑な考えを手放して、自分自身の魂に聞いてみてください。自分が本当に望むものは何なのか？　自分の心が本当に喜びを感じるのは何なのか？　今までの人生で自分自身を夢中にさせていたのは何だったのか？　魂から発せられる答えに沿って生きることで、「あなたが本来歩むべき道」へと軌道修正ができます。

どうか、あなた自身を信頼して、次の一歩を踏み出してみてください。とはいえ、焦って究極な選択をする必要はありません。経済と心のバランス、心と身体のバランスを取りながら、ゆっくりと一歩ずつ未来を開拓していくことです。一見、廻り道のように思えても、それはのちのち肥やしとなって、必ず人生にプラスに作用するからです。少しづつでも行動してみることで、魂はあなたの夢に無限の可能性を与えてくれるはずです。

Part 3

心が変われば 生き方が変わる

三〜九歳までの間に刷り込まれる心のクセ

Part1で述べたように、潜在意識には、五感を通して取り入れたものごとのすべてが善悪を区別することなく貯蔵されていて、ネガティブな感情やマイナス思考といった心のクセ、思い込みのパターンなどが刻まれています。

潜在意識の中にそのような不純物がたくさん溜まっていると、魂からのサインをキャッチしづらくなるので、自分の心の中にどんな思い込みパターンがあるのかを知っておくことが大事です。

人は、だいたい三歳から九歳までの育った環境の影響が潜在意識に刷り込まれ、その頃に心の思い癖としてマイナスのパターンも刻まれることが多いようです。

ネガティブ思考にせよ、ポジティブ思考にせよ、ものごとの捉え方は、成長過程で親から子へ、その親もまた親からと、まるで遺伝子のように刷り込まれています。

もしネガティブ思考が刷り込まれているのなら、それを意識的に解放していかないと、無意識にマイナスを引き寄せて、日々のちょっとした出来事が引き金になって、ネガティブな思いが潜在意識の棚からポンッと飛び出します。

そして、人生が空回りし始め、幸せ感を感じられなくなってしまうんですね。

よくありがちなのは、次のようなネガティブな思い込みパターンです。

・自分の周りに起きるトラブルやアクシデントは、すべて自分のせいと思ってしまったり、自分の取った行動と悪い結果は関係があると思い込んでしまう。

・常に他の人と比べて、「どうせ私はダメな人間だから……」と自分を卑下するなど、極端に過小評価をしたり、その逆の、「私は何でもできる凄《すご》い人間……」と極端な過大評価をしてしまう。

・いつも声をかけてくれる人の言葉かけが減ると、自分が相手の気に障ることを言ったのではないかと思い込んだり、誰かがひそひそ話をしていると、自分の悪口を言っているに違いないと思い込んで、矛盾していることにも気づかずに嫌われていると思い込んでしまう。

・すでに自分の夢が叶《かな》っているのに、不足や悪いことばかりに目を向けてしまったり、日々の生活で楽しいこともたくさんあるのに、ネガティブな出来事や情報のみに目を向けすぎて、全体の状況を見失ってしまう。

・「絶対に失敗は許されない」「失敗すればすべてが終わってしまう」などと、何でもゼロか百かに分けて、白黒をつけたがり、グレーな部分は排除してしまう完璧主義なものの考え方・捉え方をしてしまう。

・過去にあった出来事を元に、「こうに違いない」と決めつけたり、周りからの一般的な情報で自分の考えや主張は、不合理であっても正しいと信じ、思い込んでしまう。

なぜ、このような思い込みのパターンに陥ってしまうのでしょうか?

私たちは日々の生活の中で、人間関係、経済的な困難、仕事や近隣のトラブルなどさまざまな出来事に遭遇します。

そして、その出来事の捉え方・考え方によって、不安、恐怖、焦燥《しょうそう》感、罪悪感、自責の念といったネガティブな感情が生まれることになります。

ネガティブな感情は、こうして私たちの喜びや幸せ感を妨げるわけですが、多かれ少なかれ、このような感情は必ず出てきます。

ネガティブな感情の原因が、子供の頃に両親から刷り込まれることが多いとは言え、それは親の意識が及ばない、遺伝子のように刷り込まれてきた結果であって、親が悪いわけではないのです。

ネガティブな感情が出てくるのは自然の流れなので、それにフタをしないことが大事です。そこで、無理に明るく振る舞わなくてもいいのです。

大事なのは、ネガティブな感情に気づいたらそれをチャンスと捉え、魂のメッセージにしっかりと耳を傾けることです。

うまくいかない原因は自分の中にある？

なぜかうまくいかない、嫌なことが続く、最近ちょっと不調だな……。

長い人生の中で、誰もがそのような経験があると思います。

でも、それは、「人生の軸から逸《そ》れていますよ」という魂からのメッセージです。そんな時こそ、自分の心の思い癖、思い込みパターンを変えるチャンスなのです。

心にマイナスの思いが溜まり過ぎると、ストレスを感じます。ストレスが溜まると、自分自身のちょっとした言動や行動が原因で、うまくいかないさまざまな状況をつくって悩まされたり、「風邪をひきやすくなった」とか「小さな怪我が続く」など、身体に凝りや痛みといった不調をもたらします。

私たちは、感覚によって物事の状況などを瞬時に感じ取ります。それが、魂からのサインなのです。

たとえば、何でも他人のせいにしたり、うまくいかない原因を相手やパートナー、家庭や職場といった自分以外に求めてしまう人は、自分の意思ではなく、他人の意見によって物事を選択した結果、悪い結果につながったのではないでしょうか。

もしかしたら、子供の頃から、自分の意思を尊重されない環境で育ったのかもしれません。

自分自身の中に刷り込まれた子供の頃からのクセ、習慣が無意識に他人の意見を優先させて、「なんだかうまくいかない……」といったマイナスの結果を招いているのですね。

悪いことのように思える出来事が起きたとしても、相手を責めたり、変えようとするのではなくて、自分自身がどうしたいのか、どうなりたいのかをハッキリ意識することが大事です。

相手が発した言葉や取った態度、出来事が、あなたの不幸をつくりだしているわけではありません。

問題は、それに対してあなた自身がどう反応したのか？　です。

ネガティブな感情に振り回され、本当は一つしかない答えに対して、あれか、これかと自分自身に選択肢を与え過ぎているのです。その結果、複雑な思考や生き方になってしまっているのでしょう。

うまくいかないのも、自分の心の中にある不純物が原因です。

不純物を抱え込んでしまうと、どんどん心が重くなってしまいます。不純な感情を吐き出して、心を軽くしてあげられるのは自分しかいません。

今までの人生で取り込んでしまった、心の中にある不純な感情を整理をして、シンプルに捉え、考えることを意識してください。

その問題がなかったら、自分の人生はどんなに幸せだろうかと、自分が望むことをイメージしてください。

うまくいかないことも魂からのメッセージを直感で受け取っているのですから、自然に答えが直感としてポンッと出てくるタイミングが必ずあります。

自分自身の魂の声を聴いていれば、人生の軸から逸れることはありません。

この世の中で自分を一番よく知っているのは自分自身です。

ネガティブな考え方・捉え方は、慣れ親しんだ習慣になっているのです。

あなたが自分に優しく、自分自身を認め、信頼する習慣を身につけることで、自分の中のいらなくなったものは排除され、人生が良い方向へと動き出します。

プレッシャーに感じてもやってみようと思えることが大事

最近は、自分のことを信頼できない人が意外に多く、個人鑑定に来られる方も、

「私、自信がないんです」と言われることがとても多いです。

挑戦したいんだけれど、自信がない、と。

でもそれは、自分を信じられないのではなくて、やりたいことに対してプレッシャーに感じてしまって一歩を踏み出せないだけ。

そのようなプレッシャーを感じた時こそ、自分自身が描き続けてきた夢や希望が叶うチャンスの時機なのです。

チャンスが目の前にくると、私たちは経験していないことに対して「自信がない」とプレッシャーを感じます。

ではどうすれば、自信が得られるのか？

その答えが、魂からのサイン、メッセージに素直に従って行動することなんですね。人は、さまざまな情報を五感でキャッチし、夢や希望をイメージします。それらは潜在意識に蓄積され、タイミングが来ると「あなたが夢に描いていたことを叶えるチャンスですよ」と魂からサインが出ます。

サインに気づく方法は、直感と感情がプラスになっているかどうかです。

たとえば、転職を考える、引っ越しや新築を考える、資格に挑戦をしたい、海外で学びたい、結婚や離婚を考える、など。

そんな時こそ、「心機一転したい」という思いが直感として湧き出てきて、何となく落ちつかない感じになります。

でも、そこで頭だけで先々のことを考えると、「失敗したらどうしよう」と不安だけが大きくなり、「自信がない」と思い込んでしまうんですね。

私たちは、魂からのメッセージを直感で受け取るのですが、潜在意識にたくさんの不純物があると、それらと混ざり合って、複雑なメッセージとして受け取ってしまうわけです。

その不純物に当たるのが、魂の声を否定的に捉えてしまうマイナスの感情やネガティブな思い込みなのです。

「自信」とは、必ず何かを成功させなければいけないということではありません。自分を信頼し、「大丈夫!」と思うことです。

まずは、自分の直感を絶対的に信じること。ビジョンとして浮かんできたことや心でこうしたいと思ったことを、あれこれ考える前に行動に移してみることです。

過去は自分を支えてくれる経験だと思います。「自信はないけど、とにかくやってみよう」と今の自分の心をプラスに変えることができれば、それが信念となり、自分を信じられるようになれるんです。

そして、夢や希望を叶えるチャンスになります。

自信が持てないという方は、ぜひそこからスタートしてみてください。

ウキウキ・ワクワクできる楽しいことで直感が磨かれる

「あなたが人生で喜びと感じるものは何ですか?」と聞かれても答えられない人が増えています。

自分がやりたいことがわからない、人生に喜びなんてないと思い込んだ状態で、人生を生きている人がたくさんいるように思います。

「喜びがない」という思い込みは、マイナスのエネルギーとして働きます。

マイナスのエネルギーは、宇宙に存在するブラックホールの引力のように強大で、その引力に引き込まれないためには、常に自分の心を「ウキウキ・ワクワク」とした状態にしておくことが大事です。

そんなふうにポジティブな状態で生きる方法は、自分が望んでいることで幸福を体験することとです。物質的なものから離れ、あなたの五感を「ウキウキ・ワクワク」するものと関わらせてあげてください。

たとえば、自然と触れ合う、旅行、音楽鑑賞、映画鑑賞、読書、友達との飲み会、買い物、おしゃれ、家族との楽しい時間……など、何でもいいのです。

あなたが後回しにしてきた喜びや楽しみを、日々の生活の中に取り入れるよう心がけてください。忙しくて行動するのは難しいという人でも、心配はいりません。

好きなことや楽しいことをイメージするだけでも、行動したときと同じ効果を得ることができるからです。

たとえば、旅行に行きたい場所のパンフレットを見ながら、旅行に行くイメージをするだけでも、自分をワクワクさせることができるし、大好きな動物や景色などの写真を部屋に貼って、眺めるだけでも癒しになります。

私たちに備わっているそんなすばらしい想像力を信頼し、自分に起きてほしいことをイメージすると、そのエネルギーが自分自身を癒しに導いてくれます。

そんなふうに、ウキウキ・ワクワクできる楽しい環境に自分の身をおくことで、魂が磨かれ直感が敏感になり、心もプラスに向き始めます。魂と感情の波長が合いやすくなるんですね。

やりたいことを行動に移すのが自分を変えるための第一歩

自分の魂が求めていることはわかっていても、行動に移す自信が持てない。

忙しくて時間がない、経済的な余裕がない、その道に進んでも安定した生活が得られるのか不安で動けないなど、いろいろ考えてしまって、チャンスが目の前にきていても掴《つか》まえきれない人が多いのも確かです。

でも、そんなふうにモヤモヤと日々を過ごし続けると、自分が生きている意味を見失い、直感はどんどん鈍くなり、魂の声が届かなくなってしまいます。

魂の声をしっかりと受け止めるためには、まず、できることから行動してみることです。

本当は、誰もが、悩まないで生きたい、大いに人生を楽しみたいと考えるでしょう。心から納得できる、自分らしい人生をデザインできる自分になりたい、と。

そんなふうに自分を変えたいと思ったら、どんなに小さなことでも魂の声を聴き、自分が心から望んでいることを行動にうつしてみることが第一歩です。

これは、二十年以上ＯＬ生活を送ってきた女性の例です。

彼女は、過度なストレスからうつ病を発症してしまい、一年間仕事をお休みしました。なんとか病気は改善し、職場復帰をしたのですが、病み上がりということもあり、会社の配慮でストレスの少ない部署に配属されました。

それは有難いことなのですが、彼女は仕事にまったくやりがいを感じなくなってしまったのです。なぜなら、彼女が本当に望む仕事は、子供や動物に関わる仕事だったからです。

それが魂の声なのですが、彼女は、「この歳でそんな仕事が見つかるのか？」「ＯＬしかやったことのない私にできるのか？」と不安でいっぱいになり、ずっと行動に移すことができないでいました。

その結果、ネガティブな思いは強くなり、このままやりがいのない仕事を続けていても、職場にも、自分にとっても良くないのではないだろうか、どうしたらいいのかわらないといった状態になり、職場復帰をしてからも、日々悩みながら過ごすことになったのです。「本当は子供や動物に関わる仕事がしたい」という魂の声を無視してきたから……。

彼女のように、特に今の若い人たちは、社会的な事情もあってか、一つの仕事に就《つ》いたらずっとその仕事を続けなければならない、といった頑《かたく》なな考えを持ってしまいがちです。

せっかく転職のチャンスが訪れても、それを活かそうとはしない……。そこには、将来に対する漠然とした不安だけがあって、その不安が直感からのサインや、新たな変化をともなう行動にストップをかけてしまうのです。

でも、「不安は行動の足りなさ」と言われるように、将来どうなるかは、実際に行動してみないとわかりません。

そこで、プレッシャーを感じたり、多少不安があったとしても、少しでも行動に移せるかどうかが、その後の人生を大きく左右します。

なので、変われるチャンスがあるのなら、また変わるタイミングを何となく直感が知らせているように感じたら、勇気をふりしぼって、どうか行動に移してみてください。そうすれば、必ず自分の手で未来を切り拓《ひら》けるんです。

自分に自信がない、頭ではわかっていてもなかなか行動に移せない、失敗するのが恐い……。

このようなマイナスの感情は、「あなたが本来歩むべき道から逸れていますよ」というメッセージです。

そんな時には、複雑な考えを手放して、自分自身の魂に聞いてみてください。

自分が本当に望むものは何なのか？

自分の心が本当に喜びを感じるのは何なのか？

今までの人生で自分自身を夢中にさせていたのは何だったのか？

魂から発せられる答えに沿って生きることで、「あなたが本来歩むべき道」へと軌道修正ができます。

どうか、あなた自身を信頼して、次の一歩を踏み出してみてください。

とはいえ、焦《あせ》って究極な選択をする必要はありません。

経済と心のバランス、心と身体のバランスを取りながら、ゆっくりと一歩ずつ未来を開拓していくことです。

一見、廻り道のように思えても、それはのちのち肥やしとなって、必ず人生にプラスに作用するからです。

少しずつでも行動してみることで、魂はあなたの夢に無限の可能性を与えてくれるはずです。

自分の問題を整理して解答を生み出すセルフ・カウンセリング

私たちは、いったい何によって、何が原因で悩まされているのでしょうか？

日々の生活の中で起きる仕事上の問題、人間関係、経済的な困難やトラブルなど、さまざまな出来事を通して私たちは悩みを抱えます。

その出来事を五感で受けとめる時、その影響を受けて「心の状態」がめまぐるしく変化します。

そこで、プラスに捉えたのなら問題はないのですが、マイナスに捉えるとネガティブな感情をつくり、その結果ストレスを生み出して、ストレスが溜《た》まると心と身体のバランスを崩してしまいます。

つまり、何かが起きた時、その出来事に対して悩まされるのではなく、出来事をどう捉えたかで悩みが生まれる、ということなのです。

私たちの捉え方・考え方は、育ってきた環境で遺伝子のように刷り込まれたものが多く、慣れ親しんだパターンを持っています。

その中に、無意識にマイナスに捉えてしまうストレスパターンが潜んでいるというわけです。

ストレスパターンを知るためには、ネガティブな感情が出てきた時がチャンスで、それを見つけるための一つの方法が、メディテーションやセルフ・カウンセリングです。セルフ・カウンセリングをするには、まず自分自身がどんなパターンでストレスに陥っていくのかを知ることが必要になります。

それでは、あなたを悩ませているものを見つけ出していきましょう。

まず、紙とペンを用意してください。

そして、最近頻繁《ひんぱん》に感じるネガティブな感情を確認してください。

「不安」「不信感」「罪悪感」「絶望感」「自責の念」……などです。

次に、その感情が出始めたときの主な出来事を思い出してください。

「仕事がハードになった」「転職した、部署が変わった」「人間関係でトラブルがあった」「引っ越しをした」「経済面が苦しくなった」……などです。

出来事を振り返るにあたって気をつけなければいけないことがあります。

「捉え方・考え方は、育ってきた環境で遺伝子のように刷り込まれたものが多い」と述べましたが、子供の頃まで遡《さかのぼ》ってくださいというわけではありません。

遡り過ぎてしまうと複雑な思考になってしまうので、一、二年くらい前の出来事を振り返ってみてください。

いつ？　どこで？　誰と？　何をしていた時？　どんな出来事でどんなネガティブな感情が出てきたのかを、具体的に思い出し、紙に書き出してください。

次に、その時、どんな思い（思考・思い込み）があり、結果、自分の心の状態がどうなったかを書き出してください。

私の経験ですが、こんな感じです。

いつ？……………………「去年の夏頃」

どこで？…………………「取引先で」

誰と？……………………「担当者と」

何をしていたとき？………「打ち合わせをしていたとき」

去年の夏頃、取引先で担当者の方と打ち合わせをしていたとき、担当者の厳しい表情、冷たい口調、素っ気ない態度に不信感を感じ、この担当者は私の話に興味がないな、この仕事は断られるなという思いが出てきて、熱く語るのがバカらしくなり、これ以上自分の考えを話すことを止めました。

その結果、自信を失いかけ、仕事に生きがいを感じなくなり、「この話は最初から断るべきだった」「どうせ私の考えは、誰からも理解してもらえない」と否定的になったという例です。

私はいつもそうなのですが、相手の表情、言葉、態度を深読みし過ぎて、ストレスに陥っていくといったパターンを持っています。

こんなふうに、出来事に対して出てきた「感情」「思考」「行動」「結果」を、自分自身をいたわり、寄り添いながら思い出して書き出してください。

ストレスパターンを見つけたら、その思考は、①事実なのか、②幸福感をもたらしてくれるか、③夢を叶えてくれるか、④悩みを解消してくれるか、⑤心の状態をプラスにしてくれるか、自分に聞いてください。

答えが「NO」と出たら、自分を悩ませている思考を書き換えていきます。

私の例だと、「担当者は私の話に興味がない」「この仕事は断られる」といった思いでした。

実際には、私の思い込みでした。担当者はとてもまじめな方で、私の話を聞きながらどう成功させようかと真剣に考えての厳しい表情だったのです。

「私を理解しようと真剣に考えてくれているんだな」と最初から思うことができれば、自信を失うことも仕事にやりがいを感じなくなることもなかったわけです。

出来事はさまざまでも、そこで反応している感情は、一つか二つと意外とシンプルです。しかし、その感情から出てくるネガティブな思い込みは、ネットワークのように複雑なのです。

自分のストレスパターンを見つけ、習慣化した複雑な思い込みを書き換えることによって、自分の望む生き方を得ることができます。

そして、この世の中で、自分のことを一番よく知っているのは自分自身だということをどうか忘れないでください。

意識のダイブを体験したヒプノセラピー

私自身、これまでの人生のさまざまな出来事や体験を通して、自分の心のクセを見つめ、気づかされることがとても多かったように思います。

特に、拙著『未来への階段』が誕生していく過程での気づきは、私自身の魂を透明にしてくれました。

次にお話しするのは、その時の取材中に起きたことです。

それは、中学二年生の時に友達から「嘘つき」と言われたショックで不登校になったことを話している時だったのですが、ものすごく心がざわつき始めました。

「悲しみ」「絶望感」「焦燥感」「喪失感」など……感情を特定することができず、私はわけのわからない感覚に陥ってしまいました。考えてみれば、この話をこんなにもこと細かく話したのは、その時が初めてだったのかもしれません。

過去を言葉や文字にした時、私の魂が「ノー」と言っているのを感じました。

心のざわつきは魂からのサインなので、私はヒプノセラピーで心の中を探究することにしました。

ヒプノセラピーとは、ヒプノーシス（催眠）とセラピー（療法）の合成語で、専門のセラピストに誘導してもらい、潜在意識レベルで心を探究する療法のことです。

催眠状態は、朝目覚めたときの〝ぼーっ〟としている状態や、眠りに落ちるまでのまどろんだ状態（トランス状態）のことで、誰もが日常的に経験しているものです。

わかりやすく言うと、メディテーションをするときのリラックスした状態です。

私の場合は、日頃からすぐにトランス状態になれたので、セラピストが誘導する言葉をあらかじめ自分の声で録音しておいて、その声にしたがって自分の潜在意識の深みに入っていきました。

できるだけ楽な姿勢で横になり（座ったままでも良い）、軽く目を閉じ（開けたままでも良い）ます。

そして、「子供時代を思い出してください」「何歳ですか？」との誘導に、私は直感的にその時の自分は「三歳」だとわかりました。

次に三つのパターンで場所を思い出すよう誘導され、最初は屋外で誰かに見守られながら、楽しそうに笑って、はしゃいでいる自分自身を思い出しました。

二つ目は屋内で、さっきと同じように誰かに遊んでもらってとても幸せそうです。

三つ目が問題だったのですが、場所は屋内でさっきとは打って変わって、三歳の私は泣きじゃくりながら、私をあやしてくれた誰かを必死に探しているのです。「苦しい」「悲しい」「助けて」……ものすごい圧迫感がありました。

その後、誘導は徐々に覚醒《かくせい》へと導きます。今を意識し、ゆっくり目を開けます。

〝ぼーっ〟としながら感じたのは「喪失感」でした。その時思い出したのが、「私が三歳の頃、大好きだった祖父が亡くなった」という出来事だったのです。

三歳の私は、大好きな祖父がある日突然いなくなってしまったことを受け入れることができなくて、その事実を記憶から消去したのだと思います。

私はその時の経験で、たとえ出来事は過去のことになったとしても、その時解消できなかった感情は潜在意識にしっかりと記録され、蓄積されるのだということがよくわかりました。

私が祖父の死を知ったことで、私の魂意識はそろそろこの感情を解消できる時機がきたと判断したのでしょう。

友達に「嘘つき」と言われたことが引き金となって、私の中の貯蔵庫の扉が開いて、「私に味方をしてくれる人は誰もいない」と、喪失感という感情がポンッと表面化したのです。

私は三十年以上もそんなふうに思い込んでいたのです。

私が祖父の死を受け入れたことで、喪失感は現れなくなりました。

この私の体験のように、人はショックを受けた時、その感情を溜めこんでしまうと、ずっと潜在意識の中で凍りついたように固まってしまって、ストレスパターンとして問題を複雑化してしまいます。

だから、悲しい時や泣きたい時は、思いっきり涙を流したほうがいい。

本音を言いたい時には、自分自身を傷つけないような言葉と表現方法をチョイスして相手に伝えたほうがいい。

ショッキングな出来事とその時の感情を表に出す間《ま》が開き過ぎると、私たちは心と身体のバランスを崩してしまいます。なので、決してネガティブな感情を潜在意識の貯蔵庫に蓄積したままでいてはいけません。

もし、自分にとってショッキングな出来事も感情も特定できないまま、頻繁に出てくるネガティブな感情がある時は、一人で悩まず、専門のカウンセラーやセラピストに助けを求めるのも、自分自身をいたわるために必要なことです。

そこで大事なのがセラピーやセラピストとの相性です。タイミングも含めて、どんなものでも合う、合わないがあるので、どんなセラピーを選ぶにしても、自分の直感に従って選んだほうが確実です。

私の場合は、たくさんの相談者の方々と向き合う中で、私自身が気づき、教えていただいたことがたくさんありました。もしそれがなければ、一人で抱え込んでドーンと落ち込んだままの暗い人生だったかもしれません。

日によって同じようなテーマを抱えた相談者が続いたり、私が相談者に対して投げかけている言葉が、その時の私自身ともシンクロしていることがとても多くありました。ということは、実はそれは私にとって必要なメッセージでもあるんだ……ある時、そう気づいて、私が相談者の方々を引き寄せているんだなって思えるようになりました。

直感が冴えてくると心が柔軟になって囚われなくなる

何度も述べるようですが、直感とは、私たちの日々の出来事に対して、魂が潜在意識の貯蔵庫に蓄積されている記憶をチョイスして、送ってくるサインやメッセージです。

あなたも一度はこんな経験をしたことがあるのではないでしょうか？

「ショッピングの時、何となく、こっちのほうがいいような気がする」

「この道を通るのは、何となくやめたほうがいいと思う」

「書店で、なんだかわからないけど、一冊の本に引かれてしまう」

「とくに理由はないけど、ピンとひらめいた」

「なんだか嫌な予感がする」

こんなふうに「何となく」や「気がする」「ピンときた」「〜の予感がする」ということは、単なる偶然の出来事ではありません。

この感覚こそが直感で、潜在意識の貯蔵庫に蓄積されている、あなたの過去の記憶です。

直感を「ある日突然起こる偶然だ」と思っていると、せっかく直感が引き寄せてくれたチャンスを見逃してしまいます。

期待せずに、ただ素直に信じることで、直感は磨かれ、冴えてきます。

ですから、なんとなく浮かんできたイメージやピンときたことは素直に受け止め、行動に移してください。

私が霊視によって見ているものは、相談者の方々が心の奥で感じ取っているものと同じです。だから、霊感と直感は同じだと言えるんですね。

自分の中にある直感を信頼することは、プラスの心につながります。

直感が冴《さ》えてくると、心の状態がウキウキ、ワクワクしてきて、考え方や捉え方も柔軟で前向きになってくるからです。

身体にたとえると、筋肉や関節がとても柔らかくて、いろんな状況に対して臨機応変に対応できて、多少のことがあってもそれに囚《とら》われることなく、それだけ心も軽くなる、という感じでしょうか。

直感が冴えていると、心も柔軟で、何事にも囚われにくくなります。

人生にはさまざまな出来事が起きます。

時には好ましくない出来事も起きるでしょう。

そんな時、落ち込んだり、悩んだりと、「ネガティブな感情を持つのは、人として当たり前のこと」と、素直に受け入れることで、直感は磨かれ、心は柔軟になっていきます。

「マイナスのことを考えてはいけない」と思っている間は、実はマイナスの考えに囚われているのだということに気づいてください。

たとえば、ダイエット中に、「大好きなスイーツのことを考えてはいけない」と思えば思うほど、頭の中には、いろいろなスイーツが浮かんでくるのと同じです。

大事なのは、ネガティブな感情を長期にわたって引きずらないことです。

軽やかで柔軟な心で楽しく生きていくか、それとも頑なで囚われの多い心で、たくさんストレスを抱えたまま過ごすのか……。

そのように、自分自身の心の在り方次第で、満足感や幸せを感じられる人生が得られます。

五感をともなった体験が直感を磨く

直感力を磨くためには、善いことも悪いことも含めて、いろんな経験をしておくことが大切です。五感をともなった体験は、すべて直感を磨くためのもので、嫌な経験をすることで、悪い出来事を避けるための直感力が磨かれるからです。

嫌な経験から生まれるネガティブな感情は、潜在意識に蓄積されていて、蓄積されたものから魂がチョイスして、「なんとなく嫌な予感がする」というような直感になります。

潜在意識には、善悪の判断機能はなく、五感で取り入れたものをそのまま受け取り、そのまま蓄積して、ひらめきや予感、直感などを生み出すのです。

人生には、時として好ましくない出来事も起きるし、落ち込んだり悩んだりと、ネガティブな感情を持つことは誰にでもあります。

それらは、今後の人生において同じ失敗を繰り返さないようにするための智慧《ちえ》となるわけですから、「ネガティブな感情を持ってもよい」と素直に受け入れましょう。

注意しなければいけないのは、長期にわたってネガティブな環境に五感を関わらせないということです。

ネガティブな感情を長く引きずらないためには、意識して五感と自然との関わりを保つことが大事です。

Part1で述べたように、自分と自然の関わり、触れあいを大事にしている人は、人生に喜びをもたらすことができるからです。

五感を通して取り入れたものが、人生に大きな影響を与えます。

あなたの人生に喜びをもたらしてくれるものは何かに、「意識して目を向ける」ことが大切なのです。

漠然と日々を過ごしていると、漠然とした不安に苛《さいな》まれてしまいがちになります。なので、時には物質的なものから離れ、自然の中で五感を癒してください。五感を自然と関わらせることで、魂からのサインを直感で受け取りやすくなります。

たとえば、宮古島だとこんな感じです。

宮古島の海は、まるでパワーストーンのように浅瀬から沖に向かって、レモンクウォーツ↓エメラルドグリーン↓ターコイズブルー↓ラピスラズリと色が変化していきます。

昼は海というパワーストーンのもつ色のエネルギーが、夜はプラネタリウムのような星空が視覚を癒してくれます。

ゆったりと深呼吸をすると、潮の香りが嗅覚を癒してくれます。

軽く目を閉じて耳をすますと、波の音が聴覚を癒してくれます。

両手を広げて風を意識すると、潮風が触覚を癒してくれます。

新鮮な郷土料理が、味覚を癒してくれます。

こんなふうに、あなたがホッとする自然を、あなたの魂は知っています。

山でも川でも森林でも、温泉宿の窓から見える四季おりおりの風景でも、何でもいいのです。

どうか、意識して、自然と関わる時間をつくってください。

そして、自然の一部である、あなた自身の魂の声を聴いてください。

自然界は、私たちに心と身体のバランスをとるためのエネルギーを、いつもいつも与えてくれている……それを忘れないで。

「心からの感謝」は幸せを感じるキーワード

自然との関わり以外で、私たちが幸せを感じるのはどんな時でしょうか?

それは人によってさまざまだと思いますが、共通しているのは、心から感謝できた時ではないでしょうか。

心から感謝をすると、魂の奥深いところから「じわ〜っ」と幸福感が湧き出てきて、幸せを感じることができます。

その幸福感は、周りの親しい人たちにも伝染して、たくさんの「ありがとう」が跳ね返ってきます。

「感謝しているつもりなのだけど」とか「〜には感謝しているけど、でも……」という言葉は、よく聞くフレーズです。

「でも……」の後は言い訳で、責めの言葉です。

「〜のつもり」は思い通りにことが運んでいないことを示唆《しさ》する言葉で、見返りを求める言葉なのです。

心からの感謝を体験するためのキーワードは、「喜怒哀楽」です。

「喜」と「楽」は、ポジティブな感情で、意識の表面（外側）にあります。自分が何か他人にやってもらった時に、喜びや感動が生まれ、楽しい心の状態になります。

「怒」と「哀」は、ネガティブな感情で、意識の内面（内側）にあります。何かトラブルが起きた時、自分も悪いかもしれないけど、なぜ謝らなければいけないの？　と怒りが生まれ、哀しい心の状態になります。

幸せになる力は、自分自身の内側に備わっていて、その力を引き出すキーワードが、心からの感謝です。

そして、心からの感謝を体験するためのチャンスが、「怒」「哀」というネガティブな感情が出てきた時です。

心からの感謝は、反省して「謝る」ことによって「感動」が生まれる、という意味を持っています。

しかし、納得いかないことに反省して謝れと言っているわけではないので、注意してください。

本当の感謝とは、ネガティブな感情を見て見ぬふりをして心の奥底に隠してしまうのではなく、自分自身の欠点や弱さを知ることで、反省が生まれ、その結果、幸福感が湧き上がってくるんですね。

だから、「怒」「哀」というネガティブな感情が出てきた時こそ、自分自身の欠点に気づいて、変われるチャンスなんです。

誰もがそうではないと思いますが、私たちは感謝の「感」にプラスのイメージを、「謝」にマイナスのイメージを持つのではないでしょうか。

「謝」は、「謝恩」で表現すると、プラスのイメージに変わります。

捉え方次第で、自分の心をいたわり、優しくすることができるし、相手の優しさにも気づくことができます。

私たちの悩みのほとんどは、人間関係にあります。

トラブルが起きた時、どちらか片方にだけ原因があるわけではなく、お互いのマイナスの癖が原因になっています。

助け合いもぶつかり合いも「お互いさま」というわけなのですね。

人間関係にトラブルが起きる時、自分自身が相手の欠点に焦点を合わせているということに気づいてください。

自分の怒りは、自分自身の心のフィルターを通してのものなので、自分だけが感じている問題でしかありません。

ぶつかり合いも「お互いさま」と謙虚になれれば、心が軽くなれると思いませんか？

それは誰でもできることなのですが、難しいことでもあります。

なので、意識して、自分の中の喜怒哀楽の感情を見つめてみることが大事です。

そのように、自分を変えるためには、直感を信頼し、マイナスの心のクセを意識的にプラスに変えていくことです。

念は、「今」の自分の「心」の状態です。

たとえ過去にどんなことがあったとしても、「今、どんな心を持っているか」、それが大事で、今、心から反省し、感謝ができれば、ネガティブな記憶もポジティブなものへと転化できるということです。

そんなふうに、今、心が変われば生き方が変わってくる——魂はそれを促すために、その人自身に、直感というサインを送り続けてくれています。

過去に辛《つら》いことがあって前に進めない状況にある人は、なおさら、そのことに意識の焦点を当ててみてください。

直感を磨いて
幸せになる
essence
❸

ストレスという
心の重荷
をおろす

できない、絶対ムリと思い込む前に、できる方法はないか、こうすればやれるかも、とにかくやってみようと、プラスに考えれば、必ず道は開けます。

心からやりたいと思うことは、魂からのメッセージです。それが直感なので、いくら頭で否定して諦めようとしても、魂はそのメッセージを取り下げることはありません。

そのように、魂が望んでいる、自分が本当にやりたいことをやってみるのが幸せのセルフコントロールの第一歩です。そのためには、過去の囚われを解放して、ストレスという心の重荷を降ろすことがとても大事なんですね。

Part 4

心のエクササイズで直感を磨く

心のモヤモヤの原因を探る

心がスッキリせず、何かモヤモヤっとしている感じ……。

心の奥で何かがつっかえているようで、気が晴れない。

時間に追われ、ホッと一息つく暇がない。

自分の中で漠然とイライラやモヤモヤした気持ちが湧き出して止まらなくなる、など、多かれ少なかれ、誰でもそんな時があると思います。

それは、魂が「本来歩むべき道から逸《そ》れていますよ」とサインを発している状態です。ほとんどの場合、その原因はストレスです。

避けたいと思っていても、日常生活の中でどうしてもストレスは溜《た》まっていきますよね!?

それを放っておくと、心がどんどんマイナスに傾いてしまいます。

なので、ストレスを感じたら、すぐに上手に発散することを心がけてください。

ストレスを溜め込んでいると、心と身体のバランスを崩してしまいますが、少しでも解消することができれば、心と身体が軽くなったことを実感でき、楽になります。

ストレスが溜まっているな、と気づいたら、マイナスのスパイラルに巻き込まれないためにも何がストレスの原因になっているのか、と自分の内側に目を向け、自分の魂の声を聴き、心がモヤモヤした時の唯一の解消方法を見つけることが大切です。

それは、Ｐａｒｔ１で述べた自分のストレスパターンを知ることから始まります。

モヤモヤした感情はどこからきているのか、イライラしているのはどうしてか、なぜ怒りが湧いてくるのか、特に問題があるわけでもないのに、なぜ不安な気持ちになったり、憂鬱《ゆううつ》な気分に陥ってしまうのか……など。

根本的な原因に気づけば、いろんな出来事に無意識に反応している自分自身のパターンを客観的に見つめることができます。

そのように、「なぜ?」と、心のモヤモヤの根本的な原因を探究するのは、直感を磨く上で決して悪いことではありません。

しかし、ただやみくもに自分の悩みや感情についてあれこれと思考をめぐらし、追求するのは、ある面とても危険です。

なぜなら、その気持ちをすぐに切り替えるのはなかなか難しいことで、追求すればするほど、不安や恐怖、心配などの悩みが複雑なものになるからです。

では、日々の生活の中で自然に湧き出してくる不安や恐怖といったネガティブな感情とどう向きあえばいいのでしょうか？

自然界をイメージすれば、その対処法が見えてきます。

たとえば、嵐が来た時、私たちはどう対処しているでしょうか。

宮古島に台風が到来することがわかったら、事前の台風対策（戸締り、食料確保など）をします。後は、食べて寝ての繰り返し、家の中でゴロゴロ過ごしながら台風が通り過ぎるのをただ待つだけです。

ストレスが原因で生まれたネガティブな感情も、自然界に起きる嵐と同じで、自然が与えてくれたリラクゼーションタイムなのかもしれません。

私たちの住むこの自然界や宇宙には、目に見えない働きかけがたくさんあります。

ストレスが溜まり過ぎた時、ネガティブな感情が湧き出てくるのは、この目に見えないエネルギーが「休息を取ってください」と通せん坊をしているのかもしれないのです。

シンプルな悩みを複雑にしてしまっているのは、自分自身です。

つまり、心のモヤモヤを解消するシンプルな方法は、

一　あれこれ考えることをやめる。

嵐の真っただ中で何とかしようとしてもどうにもならないように、考えても答えが出ないことはどうにもなりません。

二　睡眠をたっぷりとる。

人間は、寝ている時、身体の細胞の隅々までエネルギーを充電すると聞いたことがあります。たっぷり睡眠をとって休息することが大事なのです。

三　リラクゼーション（好きなこと）をする。

メディテーション、マッサージやエステ、好きなスポーツや運動などを意識して人生に取り入れることでエネルギーが満ち溢《あふ》れます。

さて、解消方法がわかったところで、さらに根っ子にあるマイナス感情を見つけ

て、それを克服しましょう。

自分の中にどのようなマイナス感情があるのか、まずそれを知ることが幸せのセルフコントロールにつながります。

あなたは、次のどの言葉で心がざわつきますか？

恐怖、強欲、狭量、利己主義、情欲、怒り、憎しみ、嫉妬《しっと》、短気、偽り、虚言、不誠実、虚栄、残酷さ、無慈悲、不正、誹謗《ひぼう》、不信頼、不祥事、背信、復讐《ふくしゅう》、心配、羨望《せんぼう》、心身症、優柔不断。

これらの言葉を一つひとつ投げかけることによって、自分の中にあるマイナス感情を自覚できる場合もあります。

以前、友達から相談を受けた際、彼女がどんなマイナス感情を持っているかを確認するために、これらの言葉を投げかけたことがありました。

すると、彼女は、「恐怖」という言葉に強く反応しました。

私は、彼女が不安にならないようにコミュニケーションをとりながら「なぜそう感じるの？」と聞いてみました。

そこでわかったのが、彼女の中に、「もっとこうならないといけない！」という強い欲求があったのです。それが今の自分をもっと向上させたいとか、具体的な目標に対してではなくて、自分よりも悪い状態の人を見て、「絶対にこうはなりたくない」「こんなふうになったらどうしよう」という恐怖の裏返しから強い執着となっていたのです。

「こうなりたい」という気持ちが、プラスの思考から出ていると、何かあったとしても、「でも、私はこうなりたいんだから大丈夫！」とすぐに気持ちを切り替えられ、前に進むことができます。

ところが、マイナスの思考や感情から出たものであれば、何かちょっとした問題が起きたら、「やっぱりうまくいかなくなるんじゃないだろうか⁉」と、彼女のようにますます不安が募《つの》ってしまって、マイナスの連鎖が起きてしまうのです。

プラス思考は、何か問題が生じても、それを一つの学びやプロセスとして捉えられるのに対して、マイナス思考は、越えられない壁のように否定的に捉えてしまいます。そこに大きな違いがあるわけです。

そのように、たとえ同じような出来事に遭遇しても、人によって受けとめ方やストレスに感じる度合いがまったく違ってきます。

何に対してモヤッとするのか、それは一人ひとり違うので、自分にとって何がモヤッとしやすいのかをよく見極めておくことが有効なストレス対策になります。

心がスッキリしない、何かモヤッとする、そんな時こそ自分の心のクセを知るチャンスなので、自分自身に煩悩《ぼんのう》の言葉を投げかけて、その反応を見てみてはいかがでしょうか？

直感を妨げるマイナスの思考パターン

マイナス感情や思い込みは、直感を妨げてしまいます。

グレーゾーン（中庸）がなく、何でも白黒つけたがる完璧主義な思考や、「人からよく思われたい、嫌われたくない」と人の目を気にするあまり、誰かがひそひそ話をしていると自分の悪口を言っているのではないかと思い込んだり、現状を変えることに過剰な不安を抱き「でも今さら～」「どうせ失敗するに違いない」「だって自信がない」と自己肯定感がとても低い思考パターンの人は、直感力を失い、本来の自分自身を見失ってしまいます。

実は、それが直感を妨げる大きな原因なのです。

人生の経験を積んだ分、誰でも「なんとなく」という直感が働いているはずです。もし思うように直感が働かないのであれば、ネガティブなマイナス感情を長く持ち続けて気（エネルギー）の流れが悪くなっているのです。

気の流れがよくなれば、直感が冴え、素直にその声に従えるようになります。

人生は、すべて「自分自身の直感」に従うか、それとも、「自分の直感とは違う別の考え」に従うか、の二択です。

直感が「右」と言っているのに、「右」に行かずに、「左」に行ってしまうかどうか……。つまり、直感に対して「Ｙｅｓ」と答えるか、それとも「Ｎｏ」かの二者択一しかない、ということです。

とはいえ、そこで「Ｎｏ」を選択したとしても間違いではありません。ただ、直感を信じた選択をしていないので、出来事を困難に感じてしまい後になってから後悔をするか、また同じような選択を迫られることになるのです。

どちらを選んでもそれは経験になります。

なので、いずれの選択をするにしても、自分の判断で決めて、少し不安があったとしても、ちょっと勇気をふりしぼって行動に移すことが大事だと思います。

とかく日本人は、いつも集団で行動する習慣があり、周りがやるから自分もやるといった右へ倣《なら》えの選択をしてしまいがちです。

でも、周りの人に合わせた、人からよく見られたいという見栄っ張りなチョイスは、決して正しいものではありません。

たとえば、志望校を選ぶ時、友達が行くから自分も行くとか、仕事を選ぶ時、自分がしたい仕事ではなく、給料や待遇面で選んでしまうといった、本当に自分が望んでいない選択をしてしまうと、必ず後からシワ寄せがきます。

そのように、周りに左右されると、何が自分にとって真実なのかがわからなくなります。

自分の直感とは別の考えに従うと、後悔が待っています。

答えは自分の中にあります。

自分が喜びや幸福を感じるためには、人にとってどうかではなく、自分にとって大切なものは何かをチョイスすることです。

魂は、その自分にとって大切なものを、いつも直感という形で知らせてくれているのです。

周囲に左右されて、自分にとって本当に大切なものではないものをチョイスした時、人はスッキリせず、どこかモヤッとした感情が残ります。

そこで、モヤッとした感情をそのままにしておくのではなくて、それがどこから生まれているのかを知る。それによって、自分の中にある煩悩、心のクセとなっているマイナスの感情や思考パターンがわかるようになります。

マイナスの感情や思考パターンは、電波にたとえるとノイズのようなものです。魂という叡智《えいち》から、幸せへと導くメッセージが発せられていても、雑音が多いためにそれを直感として受け取りにくい状態。だから、心の中にモヤモヤ感が生じたり、わけもなく気分がすぐれなかったりするんです。

もしノイズがなければ、クリアにキャッチできるので、いつも心の状態は、スッキリしているはず。

ということは、嫌な気分、冴えない気持ちになった時は、自分の中のマイナスの感情や思考パターンに気づくチャンスとも言えるわけです。

なぜこんな感情が湧きおこってきたのだろう？

あの時、どうしてあのような態度を取ったのか？

あそこまで感情が高まったのは、なぜだろう？

いつも自分は物事を否定的に捉えていないだろうか？

なぜいつも自分は同じ考え方に終始してしまうのか？

自分の内側に目を向けて、そのように突き詰めていくと、最後は一つのパターンに行き着きます。それが自分の中に潜んでいるマイナスの思考パターンです。

自分の思考パターンを知るには身近な人に意見を求めること

人と話をしていると、その人独特な話し癖や、思考癖が分かると思います。

自分では気づいていないかもしれませんが、周りの人は気づいているのです。

自分のそのクセを知るためには、自分自身に起きた出来事に対して、どんなふうに感じて、悩んでいるのかを具体的に話してみることです。

ただ、意識の大半を悩みに囚《とら》われている状態で、悩みを言葉にするのは、心が圧迫感を感じるほど苦しいものです。なので、必ずしも自分のこととして話さなくてもいいということを知っておいてください。

たとえば、「友達からこんなことを相談されたのだけど、どんなふうに答えてあげたらいいかな？」という具合に、焦点を自分から外して話すと言葉にしやすいし、自分自身のことを客観的に見ることもできます。

自分の頭の中だけで考えていると、同じパターンの答えしか出てきません。

あなたがもし、「助けを求めることは迷惑をかけること」と思っているのであれば、思い込みです。それは「助け合うことを学ぶチャンスを与えられている」と意識して思い直してください。

マイナス思考の人は、助けられ下手な人が多いようです。

私たちは、人の役に立ち、感謝されることに喜びを感じます。それは人間の自然な欲求です。

助けを求めるということは、相手からしてみれば、感謝の喜びなのです。

助けたり助けられたりは、宇宙と自然界のバランスの法則と同じように、人間関係のバランスです。

実は、私たちの何気ない普段のコミュニケーションには、たくさんのアドバイスが飛び交っています。

たとえば、「あなたって○○な人よね」という言葉を投げかけられた時、心にサクッと何か刺さったような気がしたら、それに焦点を合わせてください。

「もしかしたら、自分の捉え方、考え方がネガティブなのかもしれない」「ちょっと歪《ゆが》んだ見方をしていたかも!?」などと気づきやすくなると思います。

自分のマイナス思考、思い込みパターンを知るには、他人の意見を聞くこと——これはとても現実的で、潜在意識の汚れに光を当てるとても有効な方法です。

ある意味、パートナーや家族、親友、親しい仲間などは、そのために存在してくれているとも言えるかもしれません。

お互いにこうじゃない、ああじゃないと率直に語り合う中で、自分の心のクセや相手の性格がよく理解できるようになる。昔は、そんなふうに何でも話せる相手がいて、直接顔を見ながら語り合う機会も多かったように思います。

それだけ、自分自身や相手のパターンを理解しやすかったんですね。

ところが、今は人間関係が希薄になって、他の人に率直に聞くこともあまりしなくなっているように思います。その結果、自分のことも相手のことも理解不足になっているのではないでしょうか。

特にパートナーや結婚相手は、相手のことを実によく見ています。そもそも、魂の縁があるからこそ出会っている深〜い関係なんですね。

人生のパートナーである夫婦関係は一生涯のおつき合い。お互いの内面を映し出す「鏡」のような存在でもあるので、ぜひご主人や奥さんの率直な意見に耳を傾けてみてください。

もちろん、近いからこそ受け入れ難い感情も働くでしょう。でも、どちらかが人生のゴールにたどり着くまでお互いのことを最もよく知る間柄なので、自分を変えるための頼もしいサポーターだと思って、心を開いて何でも話し合ってみてください。

自分が素直になりさえすれば、きっとかけがえのないものが得られるはずです。

その意味では、むしろ自分にないものを持っている人の方が、夫婦としてのバランスがいいのかもしれませんね。

凝りや痛みなどの症状は魂から身体へのメッセージ

ネガティブな感情のスパイラルの中に長くい過ぎると、ストレスが溜まって、病気になってしまいます。

そこで、魂は、病気が訪れる前に、さまざまなサインを私たちに送ってきます。サインは、ストレス、疲れ、凝り、張り、痛み、病気の順に身体に現れます。

病気は、遺伝子的に持っているものか、身体の気が弱くなっているところに出てきます。

しかし、サインにまったく気づかないか、我慢強い、がんばり屋な人が多く、ちょっとしたサインはいつものことと無視してしまいます。

そのサインを無視したままでいると、知らない間に心身のバランスが崩れて、その結果病気を招いてしまうのです。

私たちの住むこの自然界が、四季や天気といったさまざまな働きかけでバランスをとっているように、私たち一人ひとりも自分自身のバランスをとることが大事です。

ところが、実際にはストレスを抱え込んでいるのに、こんなことでストレスを感じていたら仕事ができなくなるので、仕方がないから続けるしかない……と自分に言い聞かせ、がむしゃらに頑張り続けてしまうようなタイプの人も少なくありません。

でも、そのような過度のストレスは、思っている以上に心や身体にダメージを与え、長期間続けば続くほど、魂にまでマイナスの影響を与えかねないので注意が必要です。

三六五日寝る間も惜しんで働き続けてもストレスはないと言い張る人もいます。

でも、そんな人ほど顔の筋肉が緊張していて、険しい表情をしています。まるで「笑ったら負け」みたいに……。

なので、「それって苦しくないですか?」と聞くと、「苦しいです」と答えます。

そこで、「それがあなたのストレスパターンなんですよ」と伝えると、「あっ、そうなんですね」とやっとそれに気づかれます。

自分自身のバランスを崩してストレスを抱え込みやすい人は、肩や腰が疲れ、凝り、張り、痛みなどの症状はもちろん、風邪を引きやすくなったとか小さな怪我が増えたなどさまざまな出来事としても魂からメッセージが送られます。

身体を痛めることによって、魂が「これ以上はもたないから休息してください！」と、危険信号を発してくれているんですね。

パソコンにたとえると、過度のストレスはウイルスのようなものです。無自覚に取り込んでしまうと、知らない間に感染して、全体の機能が狂ってしまいます。

ストレスに気づかないふりをしているというのは、やみくもにキーボードを叩《たた》いているいろんなマイナス情報を取りこんでいるようなもの。そこにウイルスが紛《まぎ》れ込んでいるとは思わずに、知らず知らずのうちに感染してしまいかねない危険な状態です。

自分がアクセスしようとする情報に、もしかしたらウイルスが入り込んでいるかもしれないと思ったら、しっかりとウイルス対策をしたり、少なくともハードディスクには入り込まないように充分注意するはずですよね!?

そうしないと取り返しのつかない事態に陥ってしまいますので、パソコン＝心身を健全な状態に保つためには、ウイルス＝ストレス対策が必要不可欠ということです。

日頃からできるだけ自分にとってのマイナス要因を避け、ストレスを消去する。そして、ハードディスクに当たる魂にまで害を及ぼすようなマイナス要因は絶対に取り込まないように心がけたいですね。

どんな刺激や出来事が自分にとってマイナスに働き、ストレスを与えているかを知ることで、未然にウイルス感染を防ぐことができます。

ストレスとなるものは人によってさまざまで、同じ刺激や出来事であっても、受けとめ方や反応の仕方が人によってまったく違います。

だからこそ、人の意見を聞くことがとても大事で、そこで初めて他人との違いがわかって、自分の心のパターンも自覚できるわけです。

もちろん、それは相手の基準に自分を合わせるということではありません。

自分の心のクセを自覚して、マイナスをプラスに転じるための参考にすればいいんです。そうすると、視点も変わって、心も軽やかで前向きになれるはず。

そのように心が変われば、それまで不幸に感じていたことも、幸福に感じられるようになります。それが、「幸も不幸も自分自身が引き寄せている」という意味なんですね。

今の心が「信念」となって現実をつくりだす

別の表現をすると、その人の「信念」が現実をつくりだしている、とも言えるかもしれません。

「信念」とは、ありのままの自分を信じ受け入れる「自信の念」です。

私たちは、言葉や漢字をあまり深く考えないで使っていますよね。実はそれらに私たちの人生に喜びをもたらしてくれるヒントが隠れているのです。

「信念」の「念」は今の心と書きます。

今の心の状態はポジティブですか？　それともネガティブですか？

あなたは、どちらの心の状態を信じますか？

ポジティブな心の状態を信じて生きることで、自然と自信もついてきます。

今を幸せと感じることができれば、未来は必ず幸せになれます。

そのためには、自分にとって何が悪いかではなく、何が良いかに意識的に目を向け、それを行動に移すことです。

何が自分の人生に喜びをもたらすものなのか？

たとえば、家族や友人と食事をしたり、お喋《しゃべ》りをしたり楽しい時間を過ごす。四季おりおりの景色を眺めながら温泉でホッと一息つく。大好きな釣りでリラックスする……など忘れていませんか。

自分の心と身体が喜ぶように、仕事も遊びもバランスよく取り入れることが大事なのです。

日常生活に多くの喜びをもたらすことで、心の状態はポジティブでいられます。それによって自分への信頼感が育まれるのです。

信頼感で思い出すのが、ある本で読んだ海上レスキュー隊員の女性の話です。

彼女は、「事故や死は怖くないのですか？」という質問に対して、次のように答えていました。

「レスキューの時は常に死を意識するわ。助けにいった自分が大きな波に呑《の》まれて上も下もわからなくなり、意識が遠のくこともある。でも、そういう時には抗《あらが》わずに、なるようになる、とすべてを手放し、自分を母なる自然に委ねる。そうすると、母なる自然はちゃんと私を守って浜まで運んでくれる」と。

これが全文ではないのですが、おおよそ、そんな感じで会話が締めくくられていました。

「信頼」とは、自然界や魂といった目に見えないエネルギーの働きかけを信じ、委《ゆだ》ねること。

必要な助けは自分自身にも与えられている、という信念が持てれば、魂からのメッセージを捉える直感力も磨かれます。

ポジティブな信念は相手のことも素直に信じられる

ポジティブな信念や見えないエネルギーの働きかけを信頼していると、友達関係においても、プラス思考からストレスが溜まりにくくなります。

最近は、携帯電話やスマートフォンなどの携帯端末を使ったデジタルコミュニケーションが当たり前になっていることから、文章のやりとりで生じたちょっとした誤解からストレスが溜まってしまうケースも多いのではないでしょうか。

たとえば、メールの返信がすぐにこないと不安でたまらないとか、メル友が少ないと孤立しているように感じて焦ってしまうなど、便利さの裏側に見えないストレス因子が潜んでいるようです。

ストレスを溜めないためには、何事にも依存し過ぎず、自分で勝手に決めつけないことが大事で、たとえば、メールの返信文を見て、「アレッ、これってどういう意味？」と疑問に感じたとしても、そこで自分のマイナス思考で勝手な解釈をしないことが大事です。

こちらが嫌な感情を持つと、潜在意識を通して相手にもそれが伝わって、よけいに問題がこじれる恐れがあります。

なので、ニュートラルに受けとめて、「私はこんなふうに受け取ったんだけど、そういう意味でいいの？」とか、「もうちょっとこんなふうに書いてもらえると嬉しいんだけど……」などと率直に伝えてみると、「ごめん、ごめん、そんな意味じゃないんだよ」などと、相手の本当の気持ちが理解できたり、お互いに欠点に気づいて直しやすくなるはずです。

そんな時にも、自分自身を信頼できているかどうかが大きく影響します。自分を信頼していると、相手に対しても不信感や猜疑《さいぎ》心を持つことなく、素直に信じられます。

「何だろう、今の態度?」「あの人の今の言葉ってアリ?」などと感じたとしても、相手を信頼できれば、「体調が悪いのかな」「ストレスが溜まっていて親しいからこそ出しやすいんだろうな」などと、広い心で受け流せるようになるでしょう。

でも、自分に対する信頼がないと、不安感や猜疑心などのマイナス思考から、「きっと私が何か気に障《さわ》ることをしたに違いない」「何かあるならハッキリ言ってくれればいいのに嫌な態度」「わざと当てつけているのかな⁉」などと悪い方に妄想を働かせて、ますますマイナスの深みに入ってしまうことになりかねません。

相手を信頼していれば、多少の行き違いがあっても、むやみに対立したり、エスカレートして喧嘩《けんか》別れすることもないはずです。

むしろ、その行き違いがお互いの理解を深めるきっかけとなって、成長のプロセスになることが多く、それが人生にもプラスに働くんですね。

過去の囚われを解放して ストレスという 心の重荷を降ろす

過ぎ去ったことをいつまでも後悔することも、ストレスになります。過去に囚われていると、未来に対しても希望を持てず、どうしても否定的になりやすくなるんですね。以前相談に来られたYさんも、過去に囚われて希望を見出せずにいました。

Yさんは、「過去を変えないと自分の人生は変わらない」と語気を強めて言いました。私は不思議に思いながら、「過去と他人は変えられないとよく聞きますが、どうやって過去を変えるんですか？」と訊ねました。

「それを教えてもらいに来たんです」とYさん。

「もし、過去が変えられるとしたら、どんな人生にしたいですか？」と聞くと、彼女が本当に望んでいる答えが、魂から湧き出てきました。それは、後悔のような言葉でした。

「それが、あなたの魂の声ですよ。わかりますか」

「はい」

「じゃあ簡単、その過去という言葉を今という言葉に変えれませんか？」

「そうですよね……」彼女は何か気づいたような表情をしました。

「あなたが宮古島に来ようと思って、私のところに来たのは、今から見たら過去なんですよ。今を変えることが未来を変えることになるの。過去の経験に無駄はひとつもありませんよ。自分のしてきたことに信念を持ってください。諦《あきら》めなければいいじゃない」

そう私が話し終えたとたん、Yさんは堰《せき》をきったようにワーッと泣き始めました。

Yさんは、親の期待どおりの有名大学に進むために、自分のやりたいことをずっと我慢してきたそうで、今は大学院を修了して、就職が内定したばかりだということでした。

だから、「これまで親の言う通りに生きてきた過去を変えたい」というわけです。

でも、彼女はまだ二十代。そこで私は、

「過去は親に感謝して、これからは自分が本当に望む人生をデザインしましょう」と投げかけました。

聞くと、Yさんは海外のハーブに興味があって、それを学びに行きたいと思っていたようでしたが、「でも、就職先が決まったので、それはムリ……」と諦めていました。

「休暇はどれくらいありますか?」と聞いたら、かなり長期の休みが取れるとのことだったので、「じゃあ、その休みを使って行けるんじゃないですか!?」と勧めたら、「はい、調べてみます」とYさん。頭から、行けない、ムリだと決め込んでいたんですね。

親の期待に応えようと、有名高校、大学進学、大学院、就職と一気に突き進んできたために、何でも一気にやり遂げなければいけない、という思い込みがYさんの中にあったようです。

その後、Yさんは自分の行きたかった国でハーブを学び、再び鑑定に来られました。その時のYさんは、以前とはまったく別人のようでお似合いのファッションに身を包んで、とても幸せそうな豊かな表情をしながら話をしてくれて、こちらも嬉しくなりました。

できない、絶対ムリと思い込む前に、できる方法はないか、こうすればやれるかも、とにかくやってみようと、プラスに考えれば、必ず道は開けます。

心からやりたいと思うことは、魂からのメッセージです。それこそが直感なので、いくら頭で否定して諦めようとしても、魂はそのメッセージを取り下げることはありません。

そのように、魂が望んでいる、自分が本当にやりたいことをやってみるのが幸せのセルフコントロールの第一歩です。そのために、過去の囚われを解放して、ストレスという心の重荷を降ろすことがとても大事なんですね。

どんなに好きなことでも「ねばならない」になると要注意！

もちろん、何もストレスを感じないような状況が続けば望ましいでしょうが、現実はそんなふうにはいかないものです。

学校や職場で嫌な人に会ったり、苦手な仕事を任されたり、職場環境に問題があって、ストレスを感じざるを得ない場面や状況もあるでしょう。

そんな時には、「何が何でも今やっていることをずっと続けないといけない」「我慢し続けなければならない」と思い込む必要はない、と自分自身に言ってあげましょう。もしかしたら、他に自分に合った仕事や道があるのかもしれないし、そのためにアンテナを張っておくことも大事です。

また、反対に、「すぐに辞めたい」「一日も早くこの場から逃れたい」とただただ不満を溜め込んでいるだけだと、「本当は何をしたいのか」が見えにくくなります。

気持ちに余裕がなくなって、不満や不安が増して、直感をキャッチしづらくなるのです。

いずれにしても、「自分が本当にやりたいことは何なのか？」を常に自分自身に問いかけることが大事で、その問いに対して、必ず魂からの答えやヒントがもたらされるはずです。

幸せな人生をデザインするには、自分はこうしたい、これがやりたい、という気持ち（意志）とそれが叶《かな》えられるという自分自身に対する信頼、そして行動力が決め手になります。

ただし、好きなことだからといって、やりすぎてしまうと知らない間にストレスになってしまう場合もあるので注意が必要です。

私も興味のあることは何でも集中してやり過ぎるクセがあって、そうなると、「ねばならない」モードになって逆にストレスになることがわかってからは、時々ブレーキをかけて調整するように心がけています。いくら好きなことであっても、やはりそこにはバランスが求められるということです。

バランスを崩していると、魂から身体へのサインが発せられます。

疲れや凝り、何度もため息が出たり、無意識に「疲れた～」とこぼしてみたり……。

また、気分的にもウツウツしたり、頑固になったり、家族や友人からアドバイスや忠告をされても、「じゃまをしているの!?」などと、ものごとを否定的、悲観的に捉えやすくなります。

たとえば、いくらやりがいのある仕事であっても、過労気味になってくると、職場の対人関係で思い通りの反応が得られなければ、「あの人はきっと私のことを嫌っているんだ」「嫉妬《しっと》して反対したに違いない」などと勝手に思い込んで関係を悪化させてしまうなど、好きな仕事のし過ぎがマイナスの結果を生むことに……。

なので、疲れを感じたり、ストレスによるサインが出てきた時には、それも直感だと思って、まず一息つく、休むことです。

人間（動物）は、深呼吸や休むこと、よく眠ることによって、気と呼ばれる生命エネルギーを充電しています。

元気を取り戻すと、多少のことがあってもプラスに捉えたり、前向きに考えやすくなって、直感も冴えてきます。

まさに、気を元に戻すことが「元気」なんですね！

反対に、元気がなくなると、ものごとを否定的に捉えがちになります。

病気の場合は、たいがいストレスが根本原因になっています。特に生活習慣に関わる病気の元にはストレスが関与していて、免疫力を低下させているので、ストレスの原因を探って、なぜストレスに感じているのか、自分の心のパターンを見つめてみましょう。

直感を磨いて
幸せになる
essence
❹

人生は
直感に従うか
否かの二択

人生は、すべて「自分自身の直感」に従うか、それとも、「自分の直感とは違う別の考え」に従うか、の二択です。

直感が「右」と言っているのに、「右」に行かずに、「左」に行ってしまうかどうか……。つまり、直感に対して「Ｙｅｓ」と答えるか、それとも「Ｎｏ」かの二者択一しかない、ということです。

とはいえ、そこで「Ｎｏ」を選択したとしても間違いではありません。ただ、直感を信じた選択をしていないので、出来事を困難に感じてしまい後になってから後悔をするか、また同じような選択を迫られることになるのです。

どちらを選んでもそれは経験になります。

なので、いずれの選択をするにしても、自分の判断で決めて、少し不安があったとしても、ちょっと勇気をふりしぼって行動に移すことが大事だと思います。

Part 5

幸せのナビゲーション・直感の磨き方

ネガティブからポジティブへの変換

ここからはこれまでお話したことのまとめの意味で、幸せのナビゲーションである直感をしっかりキャッチし、磨いていくための秘訣についてお話ししたいと思います。

マイナスの感情やマイナス思考などがパターン化していると、せっかく直感をキャッチしていても、「まさか……」と疑ったり、「きっと勘違いか思い過ごし」などと信頼しにくくなるので、まずは、潜在意識をできるだけクリアにすることが基本です。

潜在意識のクリアリングは、ネガティブな思考パターンを意識的にポジティブなものに変えていくことなので、略して「ネガ・ポジ変換」と呼ぶことにしましょう。

「ネガ・ポジ変換」って、そもそもは写真の世界での言葉なんだそうです。ネガは普通のフィルムで、見た目が反転しているもの、ポジは一般的にはスライド用で、見た目そのままのもの。

私がここでお話しするのは、「ネガティブ（否定的・マイナス）な思考を、ポジティブ（肯定的・プラス）な思考に変換する」ことで、幸福感を体験しようという思考方法のことです。

ポジティブのポジを写真の世界のポジで表現すると、そのままの自分を受け入れスライドさせること。スライドにはネガティブな意味もありますが、あえてポジティブな意味の、「なめらかに滑る」「滑るように進む」「スーッと動く」を意識して捉えてください。

また、スライドには「知らず知らずのうちに陥る」という意味もあります。

ポジティブ思考は意識していないと、知らず知らずのうちに「ねばならない」というネガティブのスパイラルに陥ってしまいます。

魂の声を信頼するという意味でのポジティブな信念で夢を叶《かな》えることができれば、何事にも邪魔されることなく、とんとん拍子に叶えられる。そんなネガ・ポジ変換ができたら直感が磨かれ、幸せへと導かれます。

ネガ・ポジの変換というのは、たとえば、次のような捉え方です。

一 行き当たりばったり↓アクティブ・楽天的・今を大切にしている。

二　ドジ・おっちょこちょい↓お茶目・場を和ませる・憎めない存在。

三　おおざっぱ・雑↓おおらか・仕事が速い・決断が速い。

四　失敗↓成功への架け橋（成功の元）・学び・災い転じて福となす。

このように、ネガ・ポジ変換のポイントは、物事の捉え方や考え方を別の角度、第三者の視点から見つめ直してみることでもあります。

たとえば、相手の態度や言動を見て、「アレッ?」と感じたり、「ムカッ」としたとしても、そこですぐに原因を相手のせいにして責めたり批難するのではなくて、なぜ自分はそう感じたのか？　を見つめてみるなど、Ｐａｒｔ3でご紹介したセルフ・カウンセリングのやり方が参考になると思います。

また、自分の捉え方や考え方が他の人とどう違うのかを知るために、身近な人に意見を聞いて、確認することが大事です。

これもＰａｒｔ4でお伝えしたように、「その時、私はこう感じた、こう捉えたんだけど、あなたならこんなことがあった場合、どう思う？」と聞いてみれば、自分の心のクセやパターンが理解できて、そこで「自分はちょっと偏っていたな」と気づけたなら、バランスの取れた捉え方、考え方に変えられるということです。

あるいはまた、何か悩みがあって、自分ではどう捉えていいかわからないような時には、素直に「手をかしてください」「相談に乗ってください」と頼んでみることも大事です。

そうすることで、自分とは違う別の視点から、「こうした方がいいんじゃないですか？」「こんな考え方もありますよ」などと思いもよらなかった解決策やヒントが得られるでしょう。

そこで、自分の捉え方、考え方の狭さや頑《かたく》なさに気づいて、人から学んで補うこともできるわけです。

そのために大事なことは、余計なプライドや恥ずかしさは捨てることです。

誰でも、自分だけの考えやそれまでの経験知では乗りこえられない問題に直面することがあります。そんな時こそ、自分でその壁を乗り越えていくために、プライドを捨てて他の人の智慧をお借りする。それは依存や他力ではなくて、自立のための援助を求める謙虚な姿勢です。

昔はもっと遠慮なく、「助けてください」と言いあえる関係が多かったように思います。

そんなふうに、時には人の力を借りて前に進むことも、ネガ・ポジ変換につながるのではないでしょうか。

最適なタイミングで自然の流れに乗る

幸せな人生をナビゲートしてくれる直感をしっかりキャッチするためには、自分が好きなことや興味があることに取り組む――それはもうおわかりですよね!?

中には、「私は何でも興味があって……」という方もいますが、本当にそれが心からやりたいことなのかどうかが大事なポイントです。

友達が勧めてくれたからとか、それをやると他人に認めてもらえるからとか、今それが流行っているからという理由であれば、それはちょっと違います。

他人や世間の評価とは関係なく、自分自身の心の底から湧き出てくるような、魂が望んでいるものが、「本当にやりたいこと」です。

それが何となくボヤけているような場合は、思いつくままにノートに書きだしてみるのもいいかもしれませんね。その中で一番ピンとくるものが、答えです。

新しいサイクルに入る新月の日は、自分が本当に望む人生のデザインの見直しをして、声に出してコミットメントしてください。潜在意識がクリアになり魂の声を直感としてキャッチしやすくなります。引き寄せ力もさらに高まるはずです。

そして、もう一つ大事なポイントがあります。

潜在意識は「数字が大好き」という話を聞いたことがあります。つまり、潜在意識をクリアにするためには、「誰と」「何を」「いつ、〇〇〇〇年、〇〇月〇〇日」「どんなふうに行動するか」を具体的にイメージすることです。

イメージを習慣化すると、魂からサインが送られて自動操縦装置のスイッチがONになり、取り組むタイミングを直感としてよりキャッチしやすくなるのです。

私は思い立ったらすぐに行動に移すタイプですが、それがすぐ叶うというわけではなく、望みが叶う絶妙なタイミングがあります。

今がタイミングではない時、家族や周囲の人の反対にあったり、急に予定が変わったりと、何かしら止められるような出来事が起こります。

それは魂からのサインなので、そこで我をはらずに、魂の声に素直に従うことで直感が磨かれるのです。

もちろん、周囲の人から反対されたり、一度トライしたけれどうまくできなかったからといって、諦める必要はありません。

諦《あきら》めずにイメージし続けると、必ずチャンスは到来します。

その時が、絶妙なタイミングなんです。

たとえば、今、ホームに入ってきた電車に飛び乗ろうと急いで走り、結局つまずいてしまって乗れずに、次の電車に乗るのと同じこと。

最初から慌てずにゆっくり歩いて、次の電車を待ってからそれに乗ったほうが危なくないし、もし乗り過ごしたとしても、同じ行き先の電車は必ずまたやってくるんです。夢は、諦めなければ必ず叶うということなのですね。

もしかしたら、その電車に乗ることを魂が止めたのかもしれません。

最適なタイミングで行動するには、常に心に余裕を持つことです。

心に余裕を持つ方法は、好きなことや興味があること、自分が本当に望んでいることをすることで、自然界と宇宙がバランスを取るように、心と身体、行動のバランスが取れ、直感のナビゲーションで人生を歩くことができます。

遊びと仕事のバランス、リラクゼーションの時間を取ることで魂が絶妙なタイミングをちゃんと直感として届けてくれます。

とかく現代人は、時間に追われて、慌ただしい生活になりがちです。

「忙」という字に示されているとおり、まさに心を亡くしている状態。

自分にとって何が大切かを忘れて日々過ごしていると、心の潤いや豊かさがなくなってしまいます。心に余裕がなくなればなくなるほど、魂の声から遠ざかってしまうので、魂の声をしっかり受け取るためにも、時間にゆとりを持つことが大切です。

ゆとりのある時間、生活を心がけていると、やりたいことがムリなくできるようになります。

魂は、本人が幸せな人生をしっかりと描いてそれを叶えられるように、絶妙なタイミングでサインを送ってくれているんですね。

やりたいことを最適な時機にやる、というのは、「自然の流れに沿って生きる」ということです。

流れに乗っている時は、まさにものごとが流れるようにスムーズに運んでいくもの。もし、何か止められることがあったり、空まわりするようなら、それはタイミングが違っているか本来歩むべき道からズレている証拠です。

人生において、うまくいかないことが起きたり、病気になったりするのはそのサイン。なので、一旦そこで立ち止まって、自分自身と向き合ってください。

そこには、何かしら魂と顕在意識の間にズレがあるはずです。

反対に、自然の流れに乗っている時には、シンクロニシティー（意味のある偶然の一致）が頻繁に起きるようになります。「その調子！　いいタイミングですべて順調にいっているよ」という、魂からのプラスのサインがシンクロなんですね。

直感は夢という形でもやってくる

直感は、よく夢という形でもやってきます。

夢は潜在意識が投影されたものですが、そこには前世の記憶も刻まれていて、それはふとした瞬間にフラッシュバックのように甦《よみがえ》ったり、度々同じ夢を見ることで何かしらのサインを送ってくることもあります。

そのような夢も、魂からのメッセージであることが多いので、意識しておいた方がプラスに作用します。

今回の人生で、何の影響も受けていないはずなのに、自分が体験したことを思い出しているような夢を見る場合、それは前世の記憶の可能性がとても高いのです。

ちなみに、私の場合は、主人との前世の関係が夢に出てきました。

主人も私と同じ宮古島生まれで、実は中学校の同級生です。

かれこれうん十年のつき合いですが、主人と私はまったく性格が違います。

主人は、細かいことによく気がつくタイプで、いつも冗談を言いながら、おもしろそうなことを見つけては、みんなと一緒にそれを楽しむマイペース型。

一方私は、自分が興味のあることについついのめり込んで、休むのも忘れるほど熱中したり、責任感が強くて、「ねばならない」と頑張るタイプ。生真面目な半面、周囲の人からは天然過ぎるとも言われます。そんな対照的な性格の二人です。

私が見た夢は、その主人と前世でもとても深い縁があったことを示していました。日本髪を結って着物を着ている女性（たぶん前世の私）が、誰かに追われていて、必死で逃げている姿が見えます。

そして、女性の隣には彼女の手をひっぱるように走っている男性がいて、彼女を護ってくれています。

追っ手が近づいてきて、「アッ、捕まる。殺される」と思った瞬間に、パッと目が覚めるという夢です。

いつもその夢を見るたびに、私を護ってくれている男性の顔を見ようとするんですが、どうしても見えません。

夢は自分でコントロールできるということを知ってから、再び夢の中で挑戦したところ、やっと男性の顔が見えて、その顔はまぎれもなく主人だったのです。

それ以降はその夢を見なくなり、これは二人の前世の記憶を見せられたんだ、って思いました。

なぜ前世を見せられたんだろう？　と思った時に、「あれだけ命がけで助けてもらったんだから、今世では何か恩返しがしたい」という気持ちが自然に湧いてきました。

とは言うものの、まだ恩返しらしいことはできていないし、今も主人にはいろいろな面で助けてもらっているので、あまり偉そうなことは言えないんですが……（汗）。

ただ、同時に課題も見えてきました。

それは、前世で助けられた人（私）と助けた人（主人）という関係だっただけに、今世でも、助けられたい、助けたいという気持ちが無意識に働いて、また同じような関係になりがちなので、意識的にコントロールしてバランスを取る必要がある、ということです。

誰もが前世での偏りや歪《ゆが》みを修正してバランスを取り、調和するために生まれてきているからです。

なので、前世らしき夢を見たら、その奥にある今世の課題に意識を向けて、「何のために生まれてきたのか？」を思い出すことが大事なんですね。

同じような夢を何度も見るとしたら、今世と関連のある前世の記憶で、そこには何らかのメッセージがあります。それを意識しているだけでも、何のために今自分が生きているのかが見えてきやすくなるんじゃないでしょうか。

相談者の方にも、「同じような夢を見ることはないですか？」と聞いたり、こちらが聞く前に、「実はこんな夢をよく見るんですが……」と話して下さることもよくあります。

そんな時には、その方の前世と関連のある風景、たとえば国や地域などが浮かんでくるので、それを伝えると、「昔からその国にとっても興味があった」「いつか行ってみたいと思っていた」などと、やはり直感で受け取っている場合がほとんどです。

不思議な夢や気になる夢を見たら、直感からのサインかもしれないと思って、ぜひ記憶に留めて、そこに意識を向けてみてください。

「こうなりたい」という具体的なイメージを心に描く

直感は、心に響くシンプルな言葉や、具体的なイメージとしても現れます。

たとえば、受ける相談の中には、人生のパートナー、結婚相手に関することも多く、「結婚をしたいんですが、私は結婚できるでしょうか？」と質問されることがよくあります。

中には、いろいろと結婚条件だけ考えていて、具体的なイメージが描けていない人もいますが、一方で、はっきりとしたイメージが出てくる場合もあります。

最近あった三十代の女性のケースでは、カナダの風景が出てきました。

そこで、「あなたがイメージしているお相手は、ここ、日本にはいないようです。カナダが気になりませんか？」とお聞きしたら、「なんでわかるんですか!?」と驚かれました。

聞くと、二十代の頃からずっとカナダに行きたいと思っていたそうで、「なぜ行かないの？　だから今まで出会っていないんですよ」とお伝えしました。

つまり、カナダに行くという行動がパートナーとの出会いにつながるからこそ、彼女の魂がその行動を促していたのです。

ところで、イメージ力で結婚を引き寄せた、こんな実話があるそうです。

ある女性が友達の結婚式に出席するために海外に行った時の話です。

式場となった教会のチャペルは、予約が取れないほどの大人気。その女性はまだ結婚予定もなく、相手もいなかったのに、どうしてもその素敵なチャペルで自分の結婚式をあげたいと思って、二年後の予約を入れたそうです。

そして、具体的な結婚のイメージを描き続けた結果、二年後、その女性はイメージ通りのお相手と念願のチャペルでみごと結婚式をあげられたのです。

これは、魂からのメッセージを直感がキャッチしてイメージを叶えるお手伝いをしたということでしょうね。

頭で考えるよりも、自分の中の「こうなりたい！」というイメージを大切にした方が、現実化しやすいってことです。

好きなことややりたいことがあっても、今、できないこともあると思います。

そんな時、イメージを描くだけでも、脳の中でプラスに作用し、リラックスできたり、前向きな気持ちになれます。

たとえば、釣りが好きな人は、実際に釣りに行くよりも、イメージで工夫をしながら、いろんな魚を釣りあげられるでしょうし、旅行に行くイメージを広げられれば、お金や時間をかけずに自由に楽しむことができて、それだけ夢も広がるでしょう。

釣りをしたい海や川、自分が行ってみたい場所の風景写真などを部屋に貼ってみたり、そこを連想させる自然の音を聴くようにするなどの工夫をすれば、なおさらイメージが膨らむので、そんな工夫をしてみてはいかがでしょう?

自分が本当に望むことをイメージすると、イメージしたことを引き寄せる力が強くなります。なので、イメージできたビジョンを、「どうせムリ……」と否定せずに、「こうなったらいいな」と肯定的に楽しむことです。

私も、小さい頃から自分が描いていたイメージが後になって現実化することがよくありました。

小学生の時にブラスバンド部でバトンガールをしていたんですが、年に一度開かれる宮古島夏まつりのパレードの日、その模様を紹介していたNHKのニュース番組を後で見たら、ちょうど私がバトンを振っている姿が映し出されていました。

また、修学旅行先でテレビのニュース番組に映ったり、講習会場でも、友達に「新聞記事の写真に写るよ」と言っていたら、やっぱり写真に撮られていたり、と。その頃から「そのうちにテレビに出るかもね」と話していたら、四十代になってからでしたが、テレビの出演依頼がきて、これも実現しました。

自意識過剰と言っていた親友も、「うそ〜、本当になったね、実現するって信じていたよ〜、私も頑張らないと！」……と一番喜んでくれました。きっと魂からのサインを無意識に直感として感じ取り、視覚でキャッチしていたんだと思います。

そんなふうに、誰でも、何となくこんな気がするんだけど、という体験があるはずです。それを心に留めておくのが大事で、他人の目を気にせずに、言葉に出したり、書きとめるなどして潜在意識の貯蔵庫に蓄積しておくと、タイミングが来たときにポンッと飛び出してきます。

その人をイメージして意識を向ければあの世の人ともつながれる

誰でも霊感がある、というと、「でも、私には霊感はないな……」と思われる人も多いでしょう。

でも、霊的な感知能力も、多かれ少なかれ誰にでも備わっているものだと私は思います。

なぜなら、魂は、肉体を離れた後でも、周波数が同調していつでもどこでもつながれるからです。

たとえ霊視ができなくても、亡くなった人に意識を合わせることによって周波数が共鳴して、その存在を直感で感じることができます。

これは、事務所のスタッフの話で、亡くなられたお父さんの一周忌に経験した出来事です。

私が、「お父さんからのメッセージを何か感じませんでしたか?」と尋ねたところ、彼女はお父さんが夢に現れ、握手を交わし、目覚めた瞬間にはっきりと握手をした手に冷たさを感じたと話してくれました。

そして、彼女の妹さんはお父さんが生前使っていた香水の香りがしたと言い、お母さんは関西弁で「こんにちは」と聞こえ、振り返ってみたけど誰もいなかったと話していました。

それから、こんなこともありました。

彼女とお母さんと妹さんの三人で、亡くなったお父さんの話をしている時のことです。「お父さん、この辺にいるんちゃう⁉」と言ったとたん、テーブルの上にあったペットボトルから「パキッ」という音がして、皆びっくりしたそうです。

彼女のお父さんは生前からとてもユニークな人で、きっといつものように家族の会話に入っていたのだと思います。

彼女は「触覚」で、妹は「嗅覚」で、お母さんは「聴覚」で、お父さんの存在を感じ取っていたのです。

あの世からこの世は見えていて、このように、亡くなった人の霊は、直接その姿が見えなくても、五感のうちの「触覚」「嗅覚」「聴覚」の三つを意識することで周波数を合わせることができ、はっきりとその存在を感じたり、直感的にメッセージを受け取ることができます。

特に法要の時などは、遺族が亡くなった人に意識を集中するため、相手と周波数が合いやすくなります。

何となく、「もしかして○○かな?」と思ったら、「でもね」とか「だって、私、霊感なんてないから」とか「どうせ思い込みでしょ⁉」などと、電波妨害をしないでください。

他にも、同じような体験をされた女性がいました。

彼女は、ご主人に先立たれ意気消沈して私を訪ねてこられました。

霊視によって見えてきたのは、とても広いお庭のような場所でした。

「お庭は広いですか？」

「いえ、庭は狭いです」

「広い芝生のような場所でゴルフの練習をしているご主人の姿が見えて……。ご主人がこの光景を何かのメッセージとして送られてきているようです」

「実は、家の庭の向こう側に広い公園があって、主人はそこでよくゴルフの練習をしていました。その公園を二人で散歩したりしました。でも、今はその公園を見たくないので、窓のカーテンを開けるのも嫌なんです」

「でもご主人は、一緒に散歩に行きたがっていますよ。一人で行くのが辛いんだったら、ワンちゃんでも飼って一緒に歩いてみたらどうですか？　ご主人はいつもあなたの横にいて、フワーッと包み込むような感じでやさしくあなたを抱きしめていますよ。気づいたことはないですか？」

「……わかります」

彼女は「まさか?」と思いながらも、ご主人が傍《そば》にいることに気づいていました。でもそれを「イヤ、主人は死んだんだから……」と自分の思い込みだと否定しようとしていたんですね。

彼女は、「そういえば子供たちもペットを飼って一緒に散歩に行ったり、遊ぼうよと言っていました」と、思い出したように語ってくれました。

子供たちも、お父さんからのメッセージを直感でしっかりとキャッチしていたんですね。

「家に戻ったらペットを飼おうかな」

彼女はそう言って宮古島を後にされました。

たとえ姿形は見えなくなっても、深い愛情で結ばれていた間柄ほど、その人に意識を向ければ、必ずその存在が感じられるはず。どうかあなた自身の直感（霊感）を信頼してください。

周波数が合う人が見守ってくれている

あの世といえば、前述したように、私も臨死体験をしたことがあります。

それは、第二子（娘）を出産した時でしたが、その時に、あの世からこの世はすべて見えているんだということがわかったのです。

死後の世界では、私は生前に意識で捉えている自分自身そのものでした。肉体も五感も感情もないのですが、確かにそこにエネルギー体として存在しているのです。

死後の世界は決して恐い世界じゃない……。

私の死生観が大きく変化する出来事でした。

この世とあの世は見えるか見えないかの違いだけで、ちゃんとつながっています。

大事な人を亡くしてしまった時、その悲しみを共有できる人たちと生前の楽しかった思い出を語り合ってください。

涙があふれてきたら堪《こら》えずに流してあげてください。

あなたが悲しむことで、あの世へと旅立った人がこの世に強い執着などの念を残すことはありません。

気が済むまで悲しんだ後は、自分自身の人生を精一杯生きてください。

自然に湧き上がってくる悲しい感情を抑え込んでしまうと、その感情は潜在意識の貯蔵庫に蓄積されてしまいます。出来事は過去の記憶になり、感情は解放される時がくるまでフタをされてしまうのです。

そして、その記憶が薄れた頃、まったく違う出来事が引き金になってそのフタが開いて、「悲しい」という感情だけが潜在意識からポンッと飛び出してきます。

過去の出来事で湧き上がった感情は、数年後、数十年後に解放しようとしても困難になり、心と身体のバランスを崩してしまいます。

亡くなった人に会いたい、という気持ちが湧いてくることもあるでしょう。

あの世とこの世の周波数が合う時は、なんとなくその人のことを思い出すとか、その人との思い出話が話題に上がるとか、夢に出てきたりします。

それも直感（霊感・第六感）なのです。

たとえば、ある女性の体験でこんな話がありました。

実家のお母さんが、彼女の経営するショップに遊びに来ていた時、亡くなった祖父の話が話題に上がりました。

祖父が何の病気で亡くなったのか？　という会話だったそうです。お母さんはあまり記憶に残っていない様子だったようですが、話を聞いていた彼女は、どうも脳梗塞《のうこうそく》で亡くなったのでは？……と感じたそうです。

でもその時には、なぜそんな話が話題になったのかわからず、その理由は数日後の出来事でわかることになります。

数日後、深夜に彼女の携帯が鳴りました。登録されていない番号で（お父さんが近所の家に駆け込み、その家の方がご自身の携帯でかけてこられたそうです）深夜だし、間違い電話だろうと、彼女は電話を無視して再び眠りにつきました。

ところが、ウトウトし始めた時、彼女の耳の傍で「オイッ」という低い声が聞こえたのです。

そこで、彼女は、何となく数日前にお母さんと話した時のことを思い出し、胸騒ぎがして実家に電話をしたところ、お父さんが電話口で「お母さんがおかしい」と訴えました。

彼女は大急ぎで実家へ行き、横たわっているお母さんを救急車で病院へ搬送。病名は脳梗塞……。

幸いにも発見が早かったため、彼女のお母さんは、今では何の麻痺《まひ》もなく元気に人生を楽しまれています。

彼女の耳元で囁《ささや》いてくれたのは、数日前に話題に出ていた祖父だったのですね。

彼女は後に、「あの時なんとなくよぎった不安を、〝まさかね〟と流してしまっていたら、一生後悔したと思う」と話していました。

この女性が体験したように、ご先祖様が何の病気で亡くなったのか？　どんな性格だったのか？　どんな生き方をしたのか？　などを知っておくことで、あの世の魂とこの世の魂の周波数はつながりやすくなります。実は、それが守護霊と呼ばれる存在なのです。

常に同じ霊が守護しているわけではありません。必要な時、必要とされる霊の目に見えないエネルギーが働きかけ、守護するのです。人生のステップアップの時も同じように守護霊が見守ってくれています。

そんなふうに、目に見えない力の存在を信頼することは、自分自身を守護してくれる直感力を磨くことでもあります。

第六感を磨く秘訣とは？

一　心が響くことに取り組む

さまざまな出来事の中で、心が「ウキウキ・ワクワク」と喜びを感じることを意識して日常生活に取り入れることで、直感力が磨かれます。

二　自分自身のストレスパターンを知る

ストレスは、ネガティブな感情から生まれます。どんな出来事によって、どんな感情がでてきたのかを思い出すことで、ストレスパターンを見つけることができます。

三　自分自身をいたわる

この世の中で自分を一番よく知っているのは自分自身です。さまざまな出来事でストレスに陥るようなことがあったとしても、あなた自身が自分自身を認め、愛し、いたわる習慣を身につけることが大切です。

四　幸せな人生をイメージする

自分自身に選択肢を与え過ぎず、自分が本当に望む人生をイメージすることです。イメージは現実を引き寄せる最もシンプルな力です。マイナス感情にふりまわされたり、あれこれ考え過ぎず、シンプルに生きることができれば、迷いがなくなり、幸せな人生を築くための導きが訪れます。

五　魂の声に耳を傾ける

私たちは、魂から送られるメッセージを〇・二秒でキャッチしています。それが直感で、「なんとなく」「そんな気がする」といった感覚でキャッチします。日常的に自分自身をいたわる習慣をつけていれば、自分の感覚を信頼し直感を行動に移すことができます。

六　目に見えないエネルギーの存在を信じる

私たちの周りには、宇宙の力、自然の力、たくさんの目に見えないエネルギーがあり、人生のさまざまなタイミングで私たちを見守ってくれています。そのエネルギーは在るべきものが在るべくために常にバランスを取るように働きかけています。

七　リラクゼーションタイムを作る

ストレスは、ネガティブな感情を生み出します。メディテーションやヨガの呼吸法などを意識的に取り入れるとリラックス効果が得られます。ストレスの反対はリラックス。呼吸を整えることで気が高まり、心と身体のバランスも取れてきます。

八　信念を持つ

今の心と書いて念。プラスの人間関係、環境に自分自身があることで、心はポジティブになります。その心の状態を信じて生きることが信念となり、自然と自信がついてきます。

九　ネガ・ポジ変換をする

魂の声に沿って人生を生きるためには、強いコミットメントが必要です。勇気を持ってネガティブな思考を、ポジティブな思考に変換することで、人生が方向転換し、幸福感を体験できます。

十　自然と触れあう

海や川、ひんやりとした空気が漂うような森などに出かけて、深呼吸をするだけでも五感が刺激され、直感が冴えてきます。都会であっても、たまには早朝に起きて、車が走り出す前に窓を開けて新鮮な空気を吸ってみるだけでも身体が喜びます。

できればメディテーションの習慣を

直感は、リラックスしている時に最もキャッチしやすいので、日頃から意識的にリラクゼーションの時間を取るためにも、できればメディテーションの習慣を持たれるといいと思います。

日本人は生真面目なタイプが多くて、何かにつけて一生懸命になり、それが度を過ぎてしまって、いつも緊張状態が続いていて心からリラックスできていない人が多いようです。

常に気をつかってしまって、心からは休めていない……。

なので、「リラックスしてもいい」「疲れたら休んでもいい」ということを自分で肯定することから始めましょう。

リラックスできると、顕在意識が鎮静化して、潜在意識の扉が開いてきます。

さらに、メディテーションをすることで、トランス状態になって、魂とのコミュニケーションを取りやすくなります。

人間の脳に入る情報の八十パーセント以上が視覚からだと言われますが、その情報を一端遮断することで、脳の働き、つまり思考や感情が抑制されるからです。

これは、海のダイブでたとえたように、できるだけ波を穏やかにして、海の下に潜りやすい状態をつくりだすということです。

心身共にリラックスするには、好きな香りを漂わせたり、心地いい音楽をかけるなどして、自分なりの快適な空間づくりに注意を払うとよりいいと思います。

自分が好きなことをとことんやってみる

直感を磨く方法は、自分を愛し、信頼することです。

自分を愛せるようになると、迷いがなくなり、自分の行動していることを信頼することができます。

また、入ってくる直感をどんどんキャッチし、自分の好きなことができるようになります。そして、幸せな人生を築くための魂の声を感じ取る直感が磨かれます。

たとえば、自分自身が「これが好き！」という音楽を聴いてみる。近くにいる家族がうるさいなと感じるような音楽でも、今、自分が聴きたいと思うのであれば、ヘッドホンをつけるなどして、思う存分その音楽に浸ってみましょう。

反対に、親であっても、夫婦であっても、子供やパートナーが、それが好き、それをしているのが楽しいという時には、ぜひ、その時間を静かに見守ってあげてください。自分の心が本当に喜ぶことをしていれば、周囲の人から見ても心地いいものです。そして、本人がやりたいことに真剣に打ち込んでいると、家族や友人もサポートしてあげようという気持ちになります。

心から楽しめることは、本人自身の幸福感はもちろん、周囲の人をも幸せにしてくれます。

本人がハッピーでその人らしく輝いていることが、結果的に全体にとっての奉仕やプラスになる。「一人はみんなのために。みんなは一人のために」という言葉は、そのことの大切さを示しているんじゃないでしょうか。

というわけで、人それぞれに喜んだり、楽しめることは違って当たり前。「それでいいんだ」と、自分にとって好きなこと、楽しみ、喜びを肯定し、受け入れましょう。それができれば、他の人に対しても、その人にとって好きなことや喜びとなる、どんなことでも受け入れられるようになって、自分が好きなことも広がっていくと思います。

一人ひとり顔も個性も違うように、好きなことや得意なことが違いますよね。だから、何でも他人と同じ基準や解釈で自分を評価してしまうとストレスになってしまいます。

できるだけストレスフリーな心の状態を保つには、他人と比べて一喜一憂したり、過去の嫌な出来事や社会の評価に囚われないことがとても大事です。

直感を磨いて
幸せになる
essence
❺

自然の流れに沿って生きる

やりたいことを最適な時機にやる、というのは、「自然の流れに沿って生きる」ことです。

流れに乗っている時は、まさにものごとが流れるようにスムーズに運んでいくもの。もし、何か止められることがあったり、空まわりするようなら、それはタイミングが違っているか本来歩むべき道からズレている証拠です。

人生において、うまくいかないことが起きたり、病気になったりするのはそのサイン。なので、一旦そこで立ち止まって、自分自身と向き合ってください。

そこには、何かしら魂と顕在意識の間にズレがあるはずです。

反対に、自然の流れに乗っている時には、シンクロニシティー（意味のある偶然の一致）が頻繁に起きるようになります。「その調子！　いいタイミングですべて順調にいっているよ」という、魂からのプラスのサインがシンクロなんですね。

Part 6 直感を輝かせる人や自然との触れあい

出会った相手に気づかされる

Part5では、主に自分で直感を磨く方法について述べましたが、ここからは縁ある人との出会いや自然との触れあいによっても、直感を磨けるということをお伝えしたいと思います。

直感は、視覚・聴覚・触角・嗅覚・味覚の五感で捉えたものに対して送られた、魂からのインスピレーションをキャッチし、相手との響きあいによって鮮明に意識に浮かびあがってきます。

五感が鈍ってくると、心と身体のバランスが崩れ、不調が続くといった状態になります。人間関係においても、プラスの刺激を与えあえなくなり、何でもしてもらうのが当たり前のように感じ、感謝の心がなくなってきます。その結果、直感が鈍くなって、幸せから遠ざかってしまうことになります。

相手のメリット（恩恵）が見えなくなり、感謝することができず、不平不満ばかりが溜まってくると、魂が響きあえる機会が失われてしまうのです。

自分で幸せな人生をデザインできない人が増えているとしたら、もしかすると、せっかく出会った縁ある人と響きあえるような関係が築けていないか、あるいは、心のフィルターの汚れで直感がキャッチしづらくなり、魂と魂が響き合える人との出会いを逃してしまっているのかもしれません。

五感や自然、そして、人との触れ合いは、直感を輝かせるのにとても深い繋がりがあります。

そもそも、人と人が出会うのは、同じ周波数を持っているからです。周波数が違うと出会わないので、出会うということは何か共通の周波数を持っていて、魂は私たちの人生に必要なものを必要なタイミングで与えてくれるのです。人と人の出会いも魂が導いた意味ある出会いで、そこにも直感が働いているんですね。

私と相談者の方々もそうなのですが、同じ周波数を持っているからこそ引きあうのですね。

出会った相手から気づかされることはたくさんあります。

特に、人生のパートナーである夫婦関係や親子関係は、それだけ魂の縁が深いのです。子供の口癖やしぐさを見ていて、「自分にそっくり」と思ったことはありませんせんか？

不思議と似てほしくないクセが目につきますよね。思わず眉間《みけん》にしわを寄せないでくださいね。

気にならなければいいのですが、強いマイナスの感情が出てきたのであれば、それも魂からのメッセージなので、その感情を無視せず受け入れてあげてください。その感情にフタをしてしまうと無意識に自分自身を責めたり、かわいいわが子が憎たらしくなることもあるので、気をつけてください。

最近、幼児虐待が増えたのは、そういうことも原因の一つなのかもしれませんね。

こんなふうに、親子関係は自分のマイナスのクセを気づかせてくれるありがたい存在なのです。

夫婦関係はどうでしょうか。結婚相手は、性格がまったく似ていない人を無意識に選ぶとよく聞きますが、結婚生活は、本来の自分をみつけるための学び舎だからなのです。

長い結婚生活には、必ず意見の食い違いはでてきます。

一番大切なのは、お互い向き合って、自分のビジョンを語り合うことです。

相手が望むならと何でもハイハイと相手に合わせたり、持ち上げることをしてはいけません。それでは、一生媚《こ》びて生活することになるので気をつけてください。

家族関係も友達関係も、「新友」（新しい出会い）→「親友」（親しい関係）→「信友」（信頼関係）→「心友」（魂の関係）へと変化していきます。

人間関係で一番トラブルが多いのが、「親友」から「信友」へ移り変わるタイミングです。相手の欠点が見えてくるのがその時期です。

それを意識していると、相手に対する関心も高まって、お互いに学びあい、響きあえる関係を築きやすくなるのではないでしょうか。

相手を責め続けるより自分にも反省点がないかを見つめてみる

いくら縁あって出会ったとしても、中には、嫌な想い出だけしか残らないような関係に至ってしまう場合もあるかもしれません。

たとえば、さまざまな人間関係の中で「どうしても許せない」という怒りの感情を持ったまま縁が切れてしまった場合、そのネガティブな感情を長期にわたって持ち続けてしまうと、自分の心や身体を蝕《むしば》んでしまいます。

人間関係のトラブルは、どちらか一方だけが悪いということはなく、どちらにも原因があります。

私の知り合いで、元夫の悪行で離婚をし、「どうしても彼を許せない」と数十年もネガティブな感情を引きずっている女性がいました。

そこで私は彼女に言いました。

「私も悪かったなと思えるところはひとつもないの？　自分が反省することは何もないの？　私はなにもご主人を許せと言っているわけではないし、許されることではないと思う。ただ、あなたの心を救えるのは自分だけなの。自分にも原因があったと認めることで心の中のネガティブな感情は解放されるのよ」

しばらく沈黙が続いたあと、彼女はポツリ、ポツリと話し始めました。

「私にも悪いところがあったと思う。主人の立場にたって考えたら家庭は地獄だったと思う。思い出せば楽しかった時もあるし、ありがとうって思えることもたくさんある……」と。涙を流していました。「でも偶然に街で見かけたりすると悪寒がするくらい嫌」と彼女の心がざわつきました。

「そう思うのはいいの。自然に湧き上がってくる感情は抑え込まなくていいのよ。ご主人は彼なりに反省したらいい。あなたは自分の心を、インナーチャイルドを守ってあげてね」と私が言うと、「すごい楽になった」と彼女の表情が和らぎました。

どうしても相手を許せないという出来事ってあると思います。でも慢性的にネガティブな感情を持ち続けると、自分自身の人生の軸から逸《そ》れていきます。

ネガティブな感情のフタを開けて、問題と向き合い、マイナスをプラスに変えることが大切です。

まず自分の心のあり方を見つめて、気づいたら反省する。自分を責め過ぎてマイナスに陥るのではなく、素直に反省して一つひとつ解放していく。

それはたぶん一生続くのかもしれませんが、自分の心の状態をプラスに保ち、相手との関係をよりよいものにしていくためにもとても大事なことだと思います。

「そうしなければならない」ではなく、素直に「やってみよう」と思える気持ちが大切だということです。

私自身が心の底から湧き出てくる感謝を経験した時、なぜか周りの人たちから、たくさんの「ありがとう」が返ってきました。心からの感謝のエネルギーは、心の深いところで通じあい、みんなの心を幸せのエネルギーで満たしてくれるのだと思います。それまでも感謝はしていたつもりなのですが、言葉通り「つもり」だったのでしょう。

自分の心の底から出た感謝の気持ちは、相手の心と響きあって、相手からも同じ周波数のものが返ってくる……それが本当の、ゆるぎのない絆なのかもしれません。

そんなふうに、縁ある人と響きあえる関係を通して、直感を磨いていくことも、幸せのセルフコントロールに欠かせないことだと思います。

オン・オフを上手に切り替えてストレスを発散する

直感を鈍らせないコツは、普段の生活の中でオンとオフを上手に切り替えることです。そのためには、仕事とプライベートをバランスよく楽しむことが大切です。

責任感があり過ぎて仕事オンリーになってしまうと、プライベートの時間が減り、リラックスすることがなく緊張状態が続いてしまいます。

それでは、ストレスが溜まり、心と身体のバランスが崩れ、ちょっとした出来事でヒューマンエラーが起きてしまいます。

意識して、仕事とプライベートのオンとオフを上手に切り替えるよう心がけることが、幸せな人生を引き寄せるための直感磨きになります。

オン・オフを上手に切り替える方法としては、次のことがポイントになります。

一 プライベートを好きな遊びで充実させてください。

仕事を充実させるには、遊びを充実させることが一番いい方法です。

私たちの人生には、さまざまな出来事が日々起こります。プライベートで嫌なことがあると、ついつい仕事に持ち込んでしまい、ミスをしてしまいがちになります。

でも、そこで仕事の後の楽しみがあると、気持ちに余裕がでてきて、仕事も効率よく終わらせることができます。ただ、遊び過ぎても疲れてしまうので、バランスのいい遊び方を心がけてください。

自分なりのペースで仕事とプライベートのバランスをとると、達成感が感じられて、人生を楽しく生きられます。

二　一日、もしくは一週間のスケジュールにメリハリをつけてください。

「遊びを忘れないでください」と言うと、遊ぶことに一生懸命になってしまう人や、遊ぶことへの罪悪感が邪魔して、「遊ばなければ」とネガティブな感情を抱いてしまう人もいます。

それでは、仕事にも悪い影響を与えかねません。

自分のリズムに合わせて、一日、もしくは一週間の仕事と遊びの割合のバランスをとってください。

三　魂の声に耳を傾けてください。

私たちの中に宿っている魂は、心や身体が疲れてくると、凝り、張り、痛みとサインを送ってきます。寝不足だと感じたら思いっきり眠る、しばらく笑っていないなと感じたら友達を誘って楽しいコミュニケーションをとる、肩や腰が凝るなと思ったらマッサージやエステに行くなど、身体に送られてくるサインを意識して、自分自身に優しくしてください。

四　「NO」と言える勇気を持ってください。

ゆっくり休息したいなと思っていても、誘いを断れず、すべて「YES」と答えてしまう人がいます。それを続けているとストレスが溜まり、ちょっとした出来事で不平、不満が出てきて仕事や人間関係に問題が生じてしまいます。

魂から「NO」というサインがでたら、自分の直感を信じて「NO」と言う勇気を持ってください。

これらのことを、日常的に意識して取り組むことで、自分自身の心と身体をセルフコントロールすることができるようになります。

視点を変えて見てみる

沖縄・宮古島は豊かな自然がいっぱい！

でも、地元の人たちは意外にその恩恵に気づいていない、という一面もあります。あまりにも当たり前過ぎるので、自然に対する感謝の気持ちが薄いところがあるんですね。

真っ青な空とどこまでも広がる大海原、プラネタリウムのような星空、稀少な亜熱帯植物が生い茂り、美しい蝶が舞う原生林、そして多様な生物が生息しているサンゴ礁……。

こんなにも素晴らしい自然があるのに、ここ宮古島に生まれ育った人は、それが馴れ親しんだ風景になり過ぎて、客観的な見方ができにくいのかもしれません。

宮古島で育った私たちが都会に憧《あこが》れるように、都会の人たちは宮古島の大自然に魅《ひ》かれ癒されているのでしょうね。

島には、県外から移住してきて、宮古島の素晴らしさを積極的にＰＲしてくれている人たちもいます。

そのような人たちは、外からの視点で見るからこそ、地元の人たちが気づいていない宮古島の良さが見えるんですね。宮古島の私たちも意識して見ることで、きっと宮古島の自然にありがたさを感じるのだと思います。

環境や視点が違うからこそ、都会に住んでいる人と田舎に住んでいる人がお互いに交流しながら、プラスの刺激を与えあうことが必要なんじゃないかなと思います。

宮古島に生まれ育った私たち夫婦も、移住してきた方々の視点から宮古島のいいところを聞いたり、また定期的に東京に出て行くことによって、いろんなプラスの刺激を受けています。

この、「自分とは違う視点を持つ」「普段とは違う視点から見てみる」ということも直感を磨くうえでとても大事です。

新たな発見があったり、感謝や尊敬の念が生まれて、人生をより豊かなものにしてくれるからです。

主人は写真を撮るのが趣味なんですが、私が同じ場所で主人と同じように撮っても、どこか違う写真になります。これも視点の違いで、自分とは違う他の人の目にはこんなふうに映るんだって、気づかされます。

自分が素直になりさえすれば、他の人の違う面もプラスに捉えられるので、いいなと思うところは受け入れたり、「すごいね〜」と褒めあうことで、人間関係が楽しくなって交友範囲も広がるのではないでしょうか。

できるだけマイナス情報を避ける

直感を鈍らせるものとして、五感から入ってくるマイナスの刺激や情報があります。心やからだにとってマイナスのものが多過ぎると、直感までも鈍って、魂からの呼びかけが届きにくくなるのです。

たとえば、よく耳にする「眠らない街」は、気のざわつきが静まることがなく、聴覚を休ませることができません。

ビルの隙間から申し訳なさそうに見える空。青空で視覚を癒すことができません。

雨が降ればアスファルトの臭い。それでは嗅覚が鈍くなってしまいます。

人混みでは、人と人の距離間が近すぎて、触覚が麻痺してしまいます。

自然から離れた生活が長すぎると、味覚が変わると言われています。

このような刺激ばかりをずっと浴びていると、ストレスが増え、心やからだの免疫力が落ちてしまい、徐々に元気が損なわれてしまいます。

反対に、五感にとってプラスに働くものは、たとえば、ずっと見ていたくなるようなきれいな風景、四季折々の草花の香りや心地よい風、川のせせらぎの音や砂浜の波が打ち寄せる音、からだの細胞が喜ぶような新鮮な旬の食べ物、野外の運動や遊び、イキイキ・ワクワクできる交流関係、好きな植物や動物との触れあい、などです。

こう言うと、「そんなキレイごとを言って……」という声が聞こえてきそうですが、でも、宇宙や自然界は、絶妙なバランスを取りながら目に見えないエネルギーで私たちを見守ってくれています。

五感は心と身体のバランスをとるためのセンサーなので、宇宙や自然界のエネルギーで満たしておく必要があります。

自然の流れに沿って生きるということは、自然界とバランスよく関わりながら生きるということで、いろんな鉱物、植物、動物などの自然とつながればつながるほど、人生は本当はとってもシンプルで、私たち自身が複雑にしているだけなんだ、って気づけるようになります。

精神世界やスピリチュアルなものにしても、そこにこだわり過ぎるのも、自然界から見たらバランスを崩すことになるんですね。

また、母なる大地や自然界から離れた環境に長く居過ぎると、その環境が当たり前になります。最初は刺激がありますが、心と身体はずーっと緊張状態が続き、ストレスになってきます。

ストレスの反対はリラックスなのですが、残念なことに今の世の中は自然が少なくなり、物質的なものが増え過ぎています。その結果、若い人たちの五感が鈍ってしまっているような気がします。

これは、意識の海にたとえると、潜在意識というフィルターが汚れてしまって、深海という魂からのエネルギー、メッセージを遮ってしまっている状態……。

なので、フィルターが汚れないように、できるだけ五感を開いて自然と関わりあいながら、マイナスの刺激を受けないように心がけるのが賢明ではないかと思います。

五感をともなった自然との触れあい体験

では、誰にとってもプラスになる刺激とは何でしょう？

もうおわかりのように、その答えは自然界にあります。

そよ風、鳥のさえずり、川のせせらぎ、さざ波、自然界が与えてくれる癒しの音は高周波音。その癒しのメロディーは、私たちの細胞エネルギーを高めてくれます。

大自然の中に身を置くことによって、心身共にリラックスでき、五感が活性化することによって直感も敏感になります。

自分が好きな自然に触れることは、最も健康的なストレス解消法。だからこそ、個人鑑定を望まれている方々に「ぜひ宮古島に来てください」とお伝えしているんですね。自然の中に身を置くことによって五感が活性化され、気の巡りも良くなる、そのことがとても大事です。

もちろん、海に限らず、山でも森でも湖でも、自分が好きな場所、リラックスできる場所ならどこでもいいんです。

なぜ自然が豊かな場所に行くと心が癒されるのかというと、水や緑、空気といった自然そのものの働きや恩恵はもちろんですが、自然が豊かな場所はマイナスイオンが溢れているからなのです。

よく心や身体のトラブルの原因として、過度の緊張が挙げられます。

その対処法としてリラクゼーションが大切だと言われていますが、そもそもなぜ現代人はそれほど強い緊張を強いられているのでしょう。それは、過密過ぎる社会の構造にも原因があるのではないでしょうか。

どうしても、都会は人口密度が高過ぎて、常に緊張を強《し》いられます。特に田舎から出てきた人は敏感に感じると思いますが、私たちも、宮古島から定期的に東京に通うようになって、「都会は個人の領域が狭いような気がするね」と話したことがありました。

個人の領域は、パーソナルスペース（エリア）とも言われますが、他人に近付かれると不快に感じる空間のことです。

確かに、宮古島に限らず、自然が豊かな地方では土地も広く、隣家との境界や交通

機関の中なども ゆったりとしていて、都会に比べると人と人の間のスペースも広いのです。

電車の座席に座っても隣の人とピッタリくっつくようなこともないし、まして満員電車のようにギュウギュウづめになるようなこともありません。

街中のレストランなどで食事をするときも、都会ではすぐ隣に見知らぬ人がいるのが当たり前ですが、田舎だとあまりそのような機会がなく、いつもと違う狭い空間に疲れてしまいます。

都会で生活しているとそれに慣れてしまっているのだと思いますが、人間も生物である以上、やはり自分の領域というものがあって、その領域が狭過ぎるとどんな人でもストレスを感じてしまうのではないでしょうか。

そんな都会で、唯一癒される場所を見つけました。

池袋西口にあるオシャレなカフェです。店先にテーブルが置かれていて、私たちは月に一回そこで楽しいひと時を過ごしました。

そこも高いビルに囲まれ、交通量もあり、都会の真ん中なのですが、なぜか癒されるのです。

季節は冬になり、さすがに屋外のテーブルは厳しい……店内はあまり興味がなかったので自然と足が遠のきました。

しばらくして、なぜあの場所があんなにも居心地が良かったのだろう？　と、私は探究してみました。フッと思い出したのが、ひとりの女性スタッフのことです。

「あの女性、元気かな？」……そこで気づきがありました。

彼女による絶妙なタイミングでの接客です。客との絶妙な距離、絶妙なタイミングの声かけ……。私たちを癒してくれていたのは、彼女の優しい笑顔と気配りだったのです。

自然の少ない都会では、そんなふうに人が人を癒す場所がパワースポットなのかもしれませんね。

普段は意識していなくても、自分なりの都会の癒しの場所を探してみてください。そして、たまには都会暮らしから離れ、自然豊かな田舎で思いっきり新鮮な空気を吸って、緊張やストレスを解放する時間もつくるといいですね。

そこで、自分にとってのパワースポットとなる自然や人との結びつきをより深めてくれるアイテムがカメラです。

カメラでお気に入りの場所や風景、草花や人物などを自由に撮影することで、自分が好きなことに意識が向いて、その対象をよく観察することにもなるので、五感がフルに活性化するからです。

私たち夫婦も、普段からよくカメラを持ち歩いていて、子供にも携帯電話やゲームの代わりにカメラを与えていましたが、子供が撮った写真を見ると、その子が何が好きなのかがよくわかります。

同じ風景を撮っても、主人と私では写真の構図も違うし、自分で撮った写真をストックしておいて見比べてみると、自分のセンスやその時々の心の状態などもわかることから、カメラは自分を知る、自分探しの手段にもなると思います。

宮古島に旅行に来られた人たちも、風景はもちろん、地元の私たちにとってはごくありふれた草花の写真を撮っていかれるのですが、改めて目線を少し落として見てみると、そんな植物たちも一生懸命に生きていて、とてもけなげに見えます。

五感を通して自然と触れあうことはとても大切で、五感が活性化していると心やからだが喜んで、直感も冴えてくる。そんなふうに感じます。

インスピレーションを信頼していれば夢は必ず叶う

幸せな人生のナビゲーションである直感を輝かせるために一番大事なこと。それは、自分の内側からくるインスピレーションを信頼して、しっかりと記憶に留めておくことです。

まだ見ぬ人との結婚を望んでいた女性を鑑定した時の話です。

私が霊視で見えたのは、大きな湖でした。

「あなたは、今、琵琶湖のような大きな湖の近くでお仕事をしてますか?」と訊ねました。

「いいえ」

「いつかそのような場所に移りますよ。そこで出会いがあって結婚して、家庭を持って……。このインスピレーションは、あなたから受け取ったものなので、意識していてくださいね。今、それがはっきりと見えているので、あなたの人生において将来的にそこにつながっていくはずです。それを曲げずに、ぜひ幸せになるためにつないでいってくださいね」

そうお伝えしてから、しばらく、変化はありませんでした。

それから数年が経って、彼女は、思いがけず仕事の事情で琵琶湖の近くに引っ越さなくてはいけなくなったそうです。

その時は思い出さなかったようですが、ある男性との出会いがあり、ふと私から言われたことを思い出し、彼との間に生まれた愛を大切に育てて、みごとゴールインしたのです。

後日その報告をかねて、ご主人と一緒に宮古島まで再訪してくれました。

彼女は開口一番、「先生に言われた通りになりました」と嬉しそうに言ってくれたので、「私、そんなこと言ったんですね。でも、よかったですね」と答えました。

彼女の幸せは、私の心をも幸せにしてくれました。

彼女のケースのように、直感は、将来的なビジョンもはっきりと見せてくれます。

その夢やビジョンがいつ叶うのかはわからなくても、自分のインスピレーションを信頼して、顕在意識にしっかりと刻んでおくことがとても大事で、それは本番に備えてのリハーサルのようなものです。

いつか必ずあなたにも訪れる本番の時。

それは、あなたの魂が描いた、幸せをつかむための人生の物語です。

もちろん、そこでは、他の誰でもない、あなた自身が主人公です。

あなたの魂が描いているのは、どんなドラマなのでしょう?

そのヒントを与えてくれるのが、直感です。

直感は、あなたが生まれてきたこの世での目的地へと向かうナビゲーション。

なので、どうかそのサインを見逃さないように、あなたが受け取ったインスピレーションを信頼して、これからのすばらしい人生を、ご自身でデザインしていってくださいね。

直感を磨いて
幸せになる
essence
❻

どうしても相手を許せない時

どうしても相手を許せないという出来事ってあると思います。でも慢性的にネガティブな感情を持ち続けると、自分自身の人生の軸から逸れていきます。

ネガティブな感情のフタを開けて、問題と向き合い、マイナスをプラスに変えることが大切です。

まず自分の心のあり方を見つめて、気づいたら反省する。自分を責め過ぎてマイナスに陥るのではなく、素直に反省して一つひとつ解放していく。

それはたぶん一生続くのかもしれませんが、自分の心の状態をプラスに保ち、相手との関係をよりよいものにしていくためにもとても大事なことだと思います。

「そうしなければならない」ではなく、素直に「やってみよう」と思える気持ちが大切だということです。

Part 7

幸せ人生を自分でデザインするために

幸福を体験し、命を育む

宇宙は何からできているのでしょう。

私たちはどこからやってきたのでしょう。

与えられた命という時間をどんなふうにデザインして、尊い命を何に使うか、私たちが生きている意味は何なのか……。

私たちの、生まれてから死を迎えるまでの人生の目的は、唯一、〝幸福を体験する〟ことなのではないでしょうか。

幸せは、自分自身の心の奥底にあります。

五感（視覚、聴覚、触覚、嗅覚、味覚）を通したさまざまな感動体験から生み出された、心豊かな感性と深いイメージ力は、生きる喜びを味わうことのきっかけとなって、幸せを湧き上がらせてくれます。

私たちは人と人との関わりの中で豊かな感情を身につけ、自分の身体を通して感じることで、生きる意味を見いだします。

そのためにも、縁ある人と、機知に富むコミュニケーション力やそのビジョンを伝え合う力を育んでいかなければいけません。

だからこそ、自分の欠点や弱さ、ありのままの自分の存在を認め、受け入れることが大切なのです。

本当の幸せは、健全な魂があれば、自然と心の奥深いところから湧き上がってくるものです。

一日一日、シンプルで小さな幸せを感じることが、魂に響く、より大きな幸せを引き寄せるのです。

一つひとつの小さな幸せの種を大事に育てて生きる人ほど、命のありがたさを感じられるのだと思います。

自然の美しさに触れ、心が動く感動体験をたくさんしてください。

五感を通した経験そのものが、魂のインスピレーションを瞬時にキャッチする直感力を磨いてくれます。

直感でチョイスしたことが、感動を生み、命を育むことに繋がっていくのだと思います。

恋とは？　愛とは？

愛は、直感力を高めてくれます。

「恋」と「愛」は何が違うのでしょう。

「恋」は、下に「心」があるので下心からはじまると言われています。

恋は、「～してほしい」と我がままに求めることから始まることが多いのではないでしょうか。

恋に落ちると、相手のいい部分だけを好きになり、悪い部分は美化されてしまいます。そして、自分自身もいい部分だけを見せようとします。

恋は盲目と言われ、相手のことや自分のことが本当に見えていないのです。

それは相手のすべてを受け入れていないからで、真意が見えていないということなのではないでしょうか。

恋は、愛を育てるための通過点です。

「愛」は、真ん中に「心」があるので真心からはじまると言われています。

真心とは、偽りや飾りのない真実の心です。

愛とは、相手のいい部分も悪い部分も全部ひっくるめて好きになり、すべてを受け入れるものです。

相手のために考え、相手のために行動ができるのが愛なのです。

恋との大きな違いは、相手のために自分を献身的にさせ、愛する人のためなら何でもできてしまうパワーを生み出してくれることです。

恋は育てるもので、愛は、絆を深め未来を築いていけるものなのです。

恋が育てば二人の間に揺るぎない愛が生まれます。

それが「恋愛関係」です。

恋という通過点で、いろいろなタイミングが重なり、自然に「愛」は生まれます。

愛は、子育てをするように、大切に育てていかなければいけません。

恋愛関係がなかなかうまくいかないという人は、「恋」を育てきれず、盲目なままなのです。

何か問題が起きた時に「自分が……自分が……」と自分のことばかり考えてしまって、相手を思いやれていないのですね。

「もしかしたら自分かな?」と考えてみてください。無意識に、自分を大切にしてくれる相手に対して、「愛しているのなら、それくらいしてくれてあたりまえ」といろいろわがままを言って、相手を困らせていることがあります。

突然に別れ話を切り出されて、ショックを受けてから相手の存在の大切さに気付いても時すでに遅し……なのですよ。

恋は、一人でもできるもので、「恋をしている」は、独りよがりの行為です。

愛は、「愛し合う」ことなので、二人でないとできないものなのです。

恋愛ができないという人は、一方通行で独りよがりな恋をしているか、過去の恋愛経験に問題があることが多いです。恋愛で心も身体も深く傷つけられるような、何かしらトラウマになっていることがあるのではないでしょうか。

恋愛を成就させるには、最初が肝心。

「相手が望むなら」と、すべてのことに言いなりになってしまわないこと。それでは、本来の自分を見失ってしまいます。

独占欲の強い愛を受け取らないこと。断る勇気を持ってください。

そして、過去のトラウマを解消するためにも、魂が導いてくれる自然な出会いを素直に受け取ってください。

あなたの魂を解放してあげられるのはあなただけです。

恋愛は人を無我夢中にさせてしまいますが、愛されたいからといって、手あたり次第にアプローチをするのはやめましょう。それは、魂同士が共鳴し合えない、将来性のない相手に夢中になってしまうからです。

魂が導く本物の愛は、奇跡を起こす不思議なパワーをもっています。

奇跡を起こすためには、「自分が望む恋愛とは何か」を知る必要があります。

漠然と「恋愛したいな」と思っているだけでは、独りよがりの恋になってしまい、愛が育ちません。

それどころか、「愛されたい」という欲求だけが先走って、誰にも愛を受け取ってもらえないといった状況をつくってしまいます。

恋という道を通って、誰かに愛を与えることが恋愛です。

愛が育っていけるような恋をしましょう。

人生で出会う さまざまなパートナー

人は一人で生きていくよりも、最高のパートナーと出会い、一緒に生きて行くほうがいいと思います。

パートナーには、「人生のパートナー」、「仕事のパートナー」、「プライベートでのパートナー（親友）」と、さまざまなパートナー関係があります。

良きパートナーとは、人生のさまざまな経験を共にし、良いときも悪いときも、それを乗り越えて、関わっていける人です。

人づき合いが苦手で、一人でいるほうが好きと言う人は、自分の欠点や弱点と向き合うことから、無意識に逃げてしまいます。その結果、刺激のない、毎日が同じ繰り返しの人生になってしまいます。

「人生のパートナー」である結婚相手は、まったく違う環境で育った二人が、相手の性格の良い部分や、良い習慣を取り入れながら、魂磨きをしていくための「学び舎」

でもあります。

自分の悪いところから目を逸《そ》らし、認めることができない人は、相手の悪いところに対して寛容になることはできません。

相手の前に、まず自分のことを考えてみるのも大事です。そして、男性と女性では結婚観の捉え方が違うということも知っておいてください。

結婚生活で、自分の知識を深めていくのはもちろんですが、パートナーとなる相手の結婚観も知っておくことです。うっかりすると、パートナーの結婚観も自分と同じと思い込んでいることがあります。

一番大切なのは、お互い向き合って、自分のビジョンを語り合うことです。何でもハイハイと相手に合わせたり、持ち上げることはしてはいけません。それでは、一生媚《こ》びて生活することになります。

長い結婚生活には、必ず意見の食い違いはでてきます。でも、二人の将来の目的が一致しているパートナーであれば、意見の食い違いは問題解決へのアプローチとなります。

あなたがどれだけ真剣に、結婚生活にコミットしているかどうかが大事なのです。

夫婦関係というのは、幸せ人生をデザインするためのチームであり、人生の大きなターニングポイントと言えます。

「ビジネスパートナー」は、考え方、捉え方が、それぞれ違う人と一つの目標に向かっていくわけですから、チームワークが大切です。

どんなに共通の目的があったとしても、意見のくい違いは出てくるものです。漠然と仕事をするのではなく、目標を立てチームの考えをすり合わせていくことで、仕事はうまくいき、達成感が得られます。

気をつけなければならないのは、目標の立て方です。

仕事や人生の目標は？　と問われて「会社から求められる人材になりたい」「人を喜ばせる仕事がしたい」と言う人がいます。

悪くはないのですが、落とし穴があります。「何かのために～」といった抽象的な考えは、物事がうまくいかなくなったとき、愚痴、不平、不満といったストレスを生み出してしまい、仕事での成功を妨げてしまいます。

仕事がうまくいく人は、目標を立てるのが上手いと言われます。

具体的な目標を立て、共鳴し合えるパートナーとチームワークを取ることによって、魂のエクササイズになり、潜在能力が開花します。

「プライベートでのパートナー」は、お互いを補い合える友達関係ではないでしょうか。縁があって出会うという意味では、人生のパートナーも友達関係も同じですが、夫婦関係や仕事関係で問題が生じた時、信頼し合える友達関係は、自分の中のネガティブな感情を浄化してくれます。

また、友達に同調してもらえるだけで気持ちの切り替えがスムーズにできる時もあります。話を聞いてもらった後は、楽しい時間を過ごし、自分自身を喜ばせてあげてください。楽しい時間の中にヒントがたくさんあります。

気をつけなければいけないのは、愚痴、不平、不満といったネガティブな話だけをし続けない事です。それでは相手も疲れてしまいます。

どうか、自分を大切にする生き方をしてください。

あなたの魂に響くものだけをチョイスしていれば、心は喜び、幸せ感いっぱいの人生を送ることができます。そして、幸せ感が魂を満たしてくれます。

運気は日々の習慣でアップする！

私たちの住むこの星「地球」は、宇宙の数ある星の中の一つです。

地球は、私たちが意識していないところで、地軸を傾け、自転し、太陽との距離を保ち、その周りを回っています。

その絶妙なバランスが、私たちがこの地球に存在できる環境をつくり出してくれているのです。

私たちの運気を左右するものは、この目に見えない「気」や「宇宙のエネルギー」なのです。

私たちに宿る魂は、宇宙のエネルギーと繋がっていて、目に見えないやりとりが常に行われています。世の中のすべてのものがスピリチュアルな存在なのです。

運気は、日々の習慣で良くすることができます。

たとえば、旅行に行って気分転換をすると、心の持ち方が変わります。模様替えや、いらなくなったものを整理すると、環境の気の流れが変わります。

アロマやお香などで空間のエネルギーの浄化をすると、オーラの内側から四番目の「アストラル体」のエネルギーが強化されます。

このように、目に見えない「気」「エネルギー」を信頼することで、プラスの気が高まり、あなたの周りに幸運を引き寄せます。

自分を見失ってしまった時、窮地《きゅうち》に追い込まれた時ほど、見えないもの（魂）からの働きかけに耳を傾けてください。

もう限界と感じてしまったとしても、魂はエネルギーを与え、私たちを救ってくれます。

だからこそ、魂をエネルギーで満たしておかなければいけないのです。

私たちは、魂からのメッセージを、直感、無意識、第六感、閃《ひらめ》き、虫の知らせといった形でキャッチします。

たとえば、何となく感じのいい人だなとか、この人といると元気が出るなとか、この場所にいると癒されるなど、そんな人や場所はありませんか？

それは、その人があなたのソウルメイトだからなのです。その場所があなたにとってパワースポットだからなのです。それが直感と呼ばれている魂の声なのです。

それらに癒されることで、あなたのプラスのエネルギーが高まり、人生が良い方向へ動き出します。

運気の「気」は、あなたの今の心の状態です。あなたがいる環境に、流れているものです。

あなたの心の状態は、プラスですか？　マイナスですか？

あなたが今いる環境は、居心地は良いですか？　悪いですか？

あなたの周りに流れている気がプラスなら、幸せな人生を運んできてくれます。それが「運気」です。

人生はホップ・ステップ・ジャンプの九年周期で巡っている

運気というのは、私たちの人生を後押ししてくれる、一定のリズムで循環している自然界のエネルギーです。

これまでの私の直感と経験から言えることは、人生の運気は、ほぼ九年周期で巡っているということです。

私は、この九年周期を、「ホップ」「ステップ」「ジャンプ」の時期にわけて見るようにしています。

最初の三年間は地道な歩み、次の三年間で弾みをつけ、最後の三年間は大きく飛躍する時期で、このホップ・ステップ・ジャンプという自然の流れにそっている時は、ものごとがポンポンとまさに流れるように運んでいきます。

ホップ・ステップまでは順調でも、最後の踏ん張り時に思いきってジャンプできないと、また一からやり直すことになります。

それが間違いというわけではありませんが、運気を味方につけた方が、絶妙なタイミングでことが進むので、それだけ幸せ感が得られ、苦しむことなくスムーズに一段上にジャンプしやすくなるということです。

運気に逆らってリズムをくずしてしまうと、そのうちに段差が大きくなってしまって、そこを越えようにも越えられなくなってしまいます。

それが長引いたり、何度も続くと、自然の流れとのアンバランスから不要なトラブルが増えたり、生きがいが見つからなくなったり、生きていく意欲さえなくなってしまうこともあります。

たとえば、入学、進学、就職、転職、結婚、離婚、退職など、人生の岐路に立って選択をしなくてはいけないジャンプの時期には、「やっぱり自分はこれがやりたい！」という直感が特に大きく働く時期なので、それを受け止め、希望や勇気を持って突き進むことが大事です。

せっかくジャンプできる時期に入っていても、将来に対する漠然とした不安から、自分の直感からのメッセージをずっとスルーしていると、バランスを崩して身体や心に不調をきたしたり、思わぬトラブルという形でサインが現れます。

そこでサインに気づけばいいんですが、不安とストレスでなかなか気づけないでいる人も残念ながら少なくありません。

なので、この本を読まれて、少しでもご自身の魂が発しているサインやメッセージに気づいていただければ……と願っています。

それはできることだけれども、難しいと感じてしまうことでもあります。自分の中に直感というすばらしい幸せのナビゲーションがある、いつでも魂からの声を受け取れるんだ、ということをただ信頼してください。

人生の転機にさしかかっている人は、なおさら、魂の声、直感に耳を澄ませてください。

転機といえば、愛する人との別れも人生の大きな転機です。

先日、以前に鑑定に来られた女性から、『天国へのラブレター（母へ）』という書名の一冊の本が贈られてきました。

ページを開いてみると、そこには、彼女が自分の亡きお母さんに当てた手紙がまとめられていました。

私はすっかり忘れていたのですが、数年前、彼女は少しでも母の気持ちが分かればと思い、藁《わら》にもすがる気持ちで宮古島まで鑑定に来られたようです。亡くなられたお母さんからのメッセージは、「〜あなたがやりたいことをやりなさい」でした。母との絆を本に書きたいと言う彼女に私は「そのまま自然に書いたらいいですよ」と伝えていたようです。

あの世からこの世は見えている。きっとお母さんもあの世から彼女を見守ってくれていたのでしょう。

彼女は、それを実行に移したんですね。

書き出しのところで、お母さんへの思いを綴《つづ》っているといろんな感情がこみあげてきて、自分自身と向き合うことができた、とありましたが、よく頑張って書きあげたなあ、実現したことがすごい！　と感激し、とても嬉しい気持ちになりました。

宮古島はサンゴ礁（コーラル）の島。コーラルには「潜在能力の開花」という意味があります。きっと彼女は宮古島のたくさんの自然や人から癒しをもらって、それを感謝に変え、自分自身の直感を信じて、諦《あきら》めず、一歩ずつ踏み出してくれたんだと思います。

「気」は磁石のようなものです。あなたの日々の習慣次第で、あなたが望む人生を引き寄せることができるのです。

運気をアップするためには、考え方、捉え方、心のもち方をシンプルにすることです。何かに偏ったり、何かをし過ぎたりせず、バランスよく生きることです。

バランスを崩すと、自分が何をやっているのかを見失ってしまい、身体や心が病んでしまうこともあります。

五感を自然界や、心が癒される人やものと調和させ、バランスよく生きることで、エネルギーが浄化され、あなたの人生に幸福感をもたらしてくれます。

心がウキウキ・ワクワクする瞬間が、スピリチュアルな瞬間なのです。

あなたの中にある魂の声を聴きながら、運気をアップして、幸せを引き寄せてください。

誰でも自分の中に答えがある！

現在、私の携帯サイト『上地一美　奇跡の力』で、毎月抽選で数名、サイト上で鑑定をしているのですが（※通常メールカウンセリングはしていません。携帯サイトの抽選で当選した方だけのサービスです）、実は、相談してきた人が、すでに相談内容の中に自分で答えを書いているんです。

皆さん、自分の気持ちをちゃんと伝えたい、という思いで真剣に文章を書かれているのですが、その言葉には言霊というエネルギーが込められています。

しかも、それだけではなく、文章そのものや行間の中に、その人なりの答えが含まれているんですね。

「本当は○○したいんですが……」「こうしたらいいと思うんですが……」「いつかはこうしないと……」などと。

誰もが、自分の中の答え、直感をちゃんとキャッチしているんだな、と改めて気づかされ、感心させられます。

でも、ほとんどの人がそのことに気づいていません。

なので、「あなたはこのように書かれていますよね!?」とその箇所を示しながら、「それが直感なんですよ」とお伝えするようにしています。

あなたの中の深いところには、本当はどうしたいのか、どちらに進んだらいいかという答えやサインが出ているのですよ、と。

ようは、自分でもどこかで気づいている、わかってはいるけれど、行動できない、ということなんですね。

そのうえで、いつ行動に移せばいいかを、その人の運気を見てアドバイスさせていただいています。

このメールカウンセリングのいいところは、その時の自分の答えをくり返し確認できるところです。

その時には、「自分の中に答えがある」と信じられて、ものごとをシンプルに捉えられたとしても、また別の出来事に遭遇すると、ストレスパターンから不安や不信感が芽生えて問題を複雑にしてしまうので、折に触れて自分の意識を省みてみることが大事なんですね。

メールカウンセリングの場合は、ご自身がそのやりとりを見返して、復習していけるので、それだけ自分のパターンを意識して解放しやすくなるのではないか、と思います。

いずれにしても、誰の中にも答えがあります！

直感は、魂のサインであり、幸せのナビゲーション。

そこに気づきさえすれば、生きることがもっと楽になるはずです。

読者の皆さんも、どうかそのことだけは忘れずにいてくださいね。

直感を磨いて
幸せになる
essence
7

幸せは自分自身の心の奥底にある

私たちの、生まれてから死を迎えるまでの人生の目的は、唯一、〝幸福を体験する〟ことなのではないでしょうか。

幸せは、自分自身の心の奥底にあります。

五感（視覚、聴覚、触覚、嗅覚、味覚）を通したさまざまな感動体験から生み出された、心豊かな感性と深いイメージ力は、生きる喜びを味わうことのきっかけとなって、幸せを湧き上がらせてくれます。

私たちは人と人との関わりの中で豊かな感情を身につけ、自分の身体を通して感じることで、生きる意味を見いだします。

そのためにも、縁ある人と、機知に富むコミュニケーション力やそのビジョンを伝え合う力を育んでいかなければいけません。

だからこそ、自分の欠点や弱さ、ありのままの自分の存在を認め、受け入れることが大切なのです。

おわりに

この世の中のすべての人は、幸せになるために生まれてきています。

そして、私たちの人生には、選択肢が無限にあります。

自分が本当に望んでいること、それを選択することが幸せになれることだと最初からわかっていれば、私たちは悩むことなく、喜びに満ち溢れた人生を歩むことができるでしょう。

でも、自分が一番望んでいることがチャンスとして目の前にきても、私たちはいろいろな理由をつけて選択肢を増やし、複雑にしてしまいます。

自信がもてない、時間がない、経済的なバランスを崩してしまうのでは?……等々、さまざまな不安がよぎるのです。

そんな時、「迷うことは誰にでもある」「迷う時間はあってもよい」と、自分自身に許可を与えてあげることが大切です。注意しなければいけないのは、迷い方です。自分で選択した結果をマイナスに捉える〝ネガティブな迷い方〟をしないでください。どんな結果にしても、それは幸せに向かって次のステップに進むための踏み台になるからです。

人は生きていくうえで、人生の転機に、幸せになるための大事な選択をしなければいけません。自分自身の心に忠実に決断する勇気を持つことを忘れないでください。

私も人生の転機に、幸せになるための選択をしてきました。そこには、楽しいことばかりではなく、困難に思えるようなこともたくさんありました。

その困難に思えることを乗り越えるたび、気づきがあり、学びがあり、私の魂が成長していくのを実感してきました。

その気づきのひとつが、この本のテーマである「誰でも霊感を持っている」ということです。

霊感と言うと特別な力と思いがちですが、この本で述べた通り、誰にでも備わっている直感と同じで、魂の声を感じ取る力、魂の声を聴く力です。

私たちは、もともとスピリチュアリティーな存在だということです。

スピリチュアリティーで生きるほうが絶対に幸せだということを、どうすれば一人でも多くの人に伝えられるのだろうと、日々考えていました。

そんなある日、看護師をしている友人から「ある学会で出会ったんだけど、一美さんが言っていることと同じようなことが書かれているの……」と、一冊の本を手渡されました。

その一冊の本が、私の「人生の選択」になったのです。

その本とは、『サイモントン療法　―治癒に導くがんのイメージ療法』。

「がん」と聞くと、とてもデリケートな印象を受ける人もいるでしょう。なぜ突然「がん」と思われる方もいると思います。

私が、サイモントン療法（がんのセルフコントロール）を学ぼうと思ったきっかけは、その本に書かれていた、「私たちの、生まれてから死を迎えるまでの人生の目的は、唯一、〝幸福を体験する〟ということです」という一節でした。

私はこの一冊の本を読んで「サイモントン療法を学ぼう」と決断しました。

月に一回の受講を五か月間、宮古島から東京まで行って、サイモントン療法を学ぶということは、私にとって人生の選択でした。

サイモントン療法を学んで気付いたことは、今までの私の人生は、常に誰かのために、何かのためにと、自分以外の何かに焦点を合わせていたということです。

五か月間、自分自身と正面から向き合うことで、長期間、見て見ぬふりをしてきたネガティブな感情を解放できたように思います。

私なりの解釈ですが、さまざまな出来事の捉え方・考え方はシンプルなほうがいい。人生は静と動のバランスが大切だということです。

今回の『直感をみがいて幸せになる』は、私なりに感じたサイモントン療法のエッセンスが入った一冊だと思います。

私はまだ、認定を受けていないので、サイモントン療法を詳しく知りたいという方は、NPO法人サイモントン療法協会のホームページ（http://www.simontonjapan.com/）をご覧ください。

この本を通して、たくさんの方が自分自身の魂の声に導かれ、クオリティー・オブ・ライフ（人生の質）が高められますように。

平成二十六年四月吉日　上地一美

直感をみがいて幸せになる

2014年6月3日　第1刷発行

著者　上地一美
発行人　脇谷典利
編集人　鈴木昌子
企画編集　椎原豊
編集　小笠原英晃
デザイン　谷口博俊(next door design)
発行所　株式会社　学研パブリッシング
〒141-8412
東京都品川区西五反田2-11-8
発売元　株式会社　学研マーケティング
〒141-8415
東京都品川区西五反田2-11-8
印刷所　中央精版印刷株式会社

◎この本に関する各種お問い合わせ先
【電話の場合】
○編集内容については
編集部直通　03(6431)1520
○在庫、不良品(落丁、乱丁)については
販売部直通　03(6431)1201
【文書の場合】
〒141-8418　東京都品川区西五反田2-11-8
学研お客様センター『直感をみがいて幸せになる』係
◎この本以外の学研商品に関するお問い合わせは左記まで。
学研お客様センター　03(6431)1002

学研の書籍・雑誌についての新刊情報・詳細情報は、左記をご覧ください。
学研出版サイト　http://hon.gakken.jp/